우리가 잠시 잊고 있던,
진정한 인간의 본질

인간도 결국 동물일 뿐이라는 과학의 냉랭한 시선이 팽배하고
AI의 발전으로 로봇과 인간의 경계마저 흐려지고 있는 오늘날

지금 우리는 '인간성'에 관해 가장 중요한 것을 놓치고 있는 것은 아닐까?

동물과 똑같은 생물학적 개체만도 로봇을 닮은 계산 기계도 아닌,
서로 얼굴을 마주하고 대화하게 만드는 인간 고유의 본성이란 무엇인가?

무엇보다 인간은, 스스로와 타인을 인식하는 '인격체'다.
하나의 인격체로서 자기 자신을 알고 또 다른 인격체인 타인을 마주하며
타인과의 관계에서 의무와 권리, 책임감을 부과받는 정신적 존재다.

이러한 인격체만의 도덕성이야말로 우리 사회를 이루는 근본적인 바탕이다.

리처드 도킨스 같은 과학자들,
피터 싱어나 존 롤즈 같은 현대철학자들은 모두
인간의 근본적인 본성과 도덕성을 제대로 다루어내지 못했다.

이 책은, 모든 것을 과학으로 설명하면 끝이라는 현대적 오만함을 넘어
도덕을 계산 가능한 딜레마로 축소하려는 협소한 시도를 넘어
'나'와 '너'라는 두 인격체의 만남이 드러내는 근본적인 도덕성에 주목한다.

이제 다시 인간을 제대로 이해하고 우리의 도덕을 회복해야 할 때다.

KB073295

인간의 본질

● 일러두기

1. 이 책에서 아라비아 숫자로 표기한 원서의 상세한 주석은 책의 말미에 미주로
   실었으며, ●기호로 표기한 각주는 옮긴이의 주석입니다.

2. 본문 내 대괄호 [ ]는 독자의 이해를 돕기 위한 옮긴이의 보충 서술입니다.

3. 도서는 겹화살괄호 《 》로, 그 외 예술 작품은 홑화살괄호 〈 〉로, 시와 노래는 작
   은따옴표 ' '로 표기했습니다.

ON HUMAN NATURE

로저 스크루턴 지음 | 노정태 옮김

인간의 본질

현대 과학이 외면한 인간 본성과 도덕의 기원

21세기북스

옮긴이의 말

'도파민을 끌어올리는 찬물 샤워의 힘!' 자기계발에 관심이 조금이라도 있는 독자 여러분이라면 한 번쯤은 들어보셨을 겁니다. 미국 스탠포드대학교의 신경과학자 앤드루 휴버먼Andrew Huberman이 팟캐스트를 통해 설파한 내용이죠. 편안하게 따뜻한 물이 아니라 불편한 찬물을 끼얹으면 우리 두뇌의 자기 보호 경고가 울리고, 기준치 대비 최대 2.5배까지 도파민이 쏟아지며, 그 효과는 무려 최대 3시간까지 지속된다는 거죠. 늘 하는 샤워를 통해 공짜로 이런 효과를 얻을 수 있다니 얼마나 대단한 일인가요!

저는 지금 어떤 신경과학자의 논의를 여러분께 전달하려는 것이 아닙니다. 그 과학적 내용에 대한 평가나 비판을 하려는 것도 아니고요. 대신 한 걸음 물러나서 생각해 보자는 겁니다. 오늘날 우리는 바로 저런 유형의 이야기를 수도 없이 접하고 있습니다. 다른 사람뿐 아니라 자기 자신마저도 '뇌'로, '자극-

반응 기계'로 여기고, 그 원리를 파악해 잘 작동시킨다면 최선의 효율을 뽑아낼 수 있으며, 그리하여 성공을 거둘 수 있다는 이야기들 말입니다. 마치 꾸준히 돌려줘야 기계가 잘 굴러가듯, '단백질로 만들어진 기계'인 우리도 예측 가능한 일상을 꾸리고 꼬박꼬박 해나가야죠. 그리하여 우리는 바야흐로 뇌과학에 입각한 '루틴'의 시대를 살고 있는 것입니다.

생물학적 존재인 나를 잘 이해하자. 좋은 말입니다. 우리는 죽을 때까지 단 하나의 몸 안에서, 혹은 몸 그 자체로서 살아가는 존재니까요. 병에 걸리면 나도 힘들고 주변 사람들에게도 부담을 줍니다. 나쁜 행동을 하면 그에 상응하는 대가를 치르게 되겠죠. 그러니 생물학적 존재인 나 자신을 잘 통제하고 관리해보자고 누군가 말하면, 그에 반대할 이유는 없어 보입니다.

그런데, 이게 맞는 걸까요? 되는대로 먹고, 내키는 대로 자고, 아무렇게나 살자는 말을 하려는 것은 아닙니다. 하지만 내가 나를 이렇게만 바라보고 이해해도 되는 걸까요? 설령 온 세상의 모든 사람이 갑자기 죽거나 사라지더라도 나는 나와 함께할 것입니다. 나는 평생 나를 바라보고 나와 함께 살아야 하는, 나와 떨어질 수 없는 나입니다. 그런 내가 나를 이해하는 가장 기본적인 원리가 '자극-반응'이라면, 파블로프가 개를 훈련시킬 때 썼던 것과 같은 방식으로 나 자신을 취급하고 있다면, 우리는 뭔가 소중한 것을 잃어버리고 마는 건 아닐까요.

이 질문은 제가 혼자 떠올린 게 아닙니다. 영국의 보수주의 철학자로 잘 알려진 로저 스크루턴이, 바로 이 책《인간의 본질 On Human Nature》을 통해 21세기를 살아가는 우리에게 던지는 묵직한 질문입니다. 사실 이런 의문을 제기한 사람은 스크루턴뿐만이 아닙니다. 사람이 사람을 바라보는 관점이, 내가 나를 이해하는 방식이 실험실의 동물을 바라보는 과학자의 그것과 같아서는 안 된다는 비판은 20세기 초반부터 꾸준히 제기되어 왔던 것입니다.

하지만 이런 주장은 그다지 인기가 없는 것 같습니다. 한국에만 부족한 게 아니라 세계적으로도 마찬가지입니다. 이유는 크게 두 가지입니다. 뇌과학이나 신경과학에서 출발하는 '동물로서의 인간 이해' 담론이 지니는 장점을 떠올려 봅시다. 일단 재미있습니다. 게다가 실용적이죠. A를 하면 B라는 결과가 나오고 그것은 나의 성공으로 이어지니까요. 도통 이해하기 어려운 알쏭달쏭한 말로 뒤덮여 있는, 그러면서도 땡전 한 푼 벌어다 주지 못하는 기존 철학이 제시하는 인간관과는 전혀 다릅니다.

그리하여 철학은 인간을 이해하는 학문의 지위도, 인간에게 삶의 방향을 제시해 주는 길잡이의 역할도 잃어버리고 말았습니다. 오늘날 철학은 네가 뭘 하건 다 괜찮고 너를 무조건 이해해 준다는 식의, 미안한 말이지만 너무 쉽게 나오는 위로의 표현들로 점철된 '에세이'의 장식품으로 전락해 버렸다고 해도 그리 심한 표현은 아닐 것 같습니다.

《인간의 본질》은 그렇지 않습니다. 이 책은 인간을 '말을 좀 잘 하는 동물'로 바라보며 스스로를 길들이는 방식을 고민하는 게 너무도 당연시된 현대 사회의 지적 분위기에 정면으로 맞섭니다. 다른 사람을 나와 같은 인격적 존재로 바라보고 얼굴을 마주보며 대화하는 대신, 트롤리를 굴려서 한 명을 죽일지 다섯 명을 죽일지 고민하는 그런 '딜레마'가 철학의 모든 것처럼 되어버린 게 이상하다고 생각했을 누군가를 위한 책입니다. 세상은 점점 풍요로워지고 우리는 그 누구에게도 부당한 일을 강요받지 않기 위해 신경을 곤두세우고 있는데, 그러면 그럴수록 점점 스스로 비참해지고 궁지에 몰리는 것 같은 이 역설을 해결할 방법을 제시해 주는 그런 책입니다.

스포일링이 될까 걱정도 됩니다만, 스크루턴의 논의가 워낙 밀도 높고 촘촘하게 구성되어 있기에, 미리 그 내용을 한 번쯤 예습하고 들어가는 건 전혀 해로운 일이 아닐 것입니다.《인간의 본질》은 총 4장으로 구성되어 있고 각각의 내용은 이렇습니다.

제1장은 우리가 방금 살펴봤던 것과 같은 '생물학적 인간 이해'의 현재를 짚어봅니다. 우리는 사람들을 어떤 동물로 바라

보는 일에 너무도 익숙해졌지만 스스로가 존엄성을 지니는 인격체이며 그렇게 이해할 때에만 개인과 사회가 모두 온전히 성립할 수 있음을 역설합니다.

제2장은 인격이라는 개념을 중심으로 개인과 사회에 대해, 그 상보적인 관계에 대해 진지하게 고찰합니다. 인간이 이룬 사회는 개미, 꿀벌, 얼룩말, 사자 들이 이루고 있는 군집과 전혀 다릅니다. 사람은 '생각하는 나'를 비판적으로 성찰할 수 있는 존재이며, 다른 사람 역시 '나와 같은' 인격체라는 것을 이해합니다. 영화 〈캐스트 어웨이〉가 잘 보여주고 있다시피, 심지어 무인도에 떨어진 택배 회사 직원마저 배구공에 얼굴을 그리고 말을 걸죠. 사람은 사회 바깥에서 사람으로서 남아 있을 수 없습니다.

제3장은 피터 싱어Peter Singer로 대표되는 현대 윤리철학 주류와의 한판 승부입니다. 그들은 19세기의 공리주의를 (어쩌면 자의적으로, 어쩌면 온당하게) 확장하여, 앞서 잠깐 언급했던 것처럼 도덕적 판단과 윤리를 '이런 상황에서는 누구를 죽여야 할까?' 같은 비인격적 선택의 문제로 치환해 버렸습니다. 스크루턴이 볼 때 그런 도덕철학은 도덕적이지도 철학적이지도 않습니다. 이토록 짧은 분량 안에 이렇게 깊은 내용이 담길 수 있다는 게 놀라울 따름입니다.

제4장은 존 롤스John Rawls와 로버트 노직Robert Nozick 등 영미권

을 대표하는 사회철학의 허점을 짚습니다. 물론 롤스와 노직은, 전자는 자유주의자로서 진보의 대표 주자로, 후자는 자유지상주의자로서 보수의 대표 주자로 인식되곤 합니다. 하지만 스크루턴이 볼 때 두 사람은 모두 같은 오류에서 출발하고 있습니다. 사회를 '계약'으로 바라보는 관점이 잘못되었다는 것입니다. 사회가 계약으로 이루어진 것은 당연한 전제 아니냐고요? 그렇지 않습니다. 왜냐하면 우리는 내가 원하지도 합의하지도 않은 수많은 의무, 권리, 헌신, 보상의 체계 속에 살아가고 있기 때문입니다.

이 책을 읽으시는 분들 중 '나는 이 여자의 몸에서 태어나야겠다'는 결정을 내리고 본인의 어머니와 어떤 계약을 해서 태어나신 분은 단 한 명도 없을 것입니다. 또한 부모 역시 '우리가 이때쯤 아이를 낳자'는 생각을 할 수는 있어도, '나는 키 185센티미터에 검은 눈동자와 다부진 체격을 가진 공부 잘하는 아이를 원한다'며 태아와 계약서를 써서 아이를 낳은 사람은 없죠. 우리가 태어나는 것, 이 세상에 존재하는 것부터가 계약이 아닌 것입니다.

대신 우리에게는 그냥 주어지는 의무와 권리와 책임과 보상이 있습니다. 아이는 부모의 말을 들어야 합니다. 왜일까요? 말을 안 들으면 혼이 나니까? 어떤 어린이들은 세상을 그렇게 이해하지만, 대부분의 착한 어린이들에게 물어보면 이유가 없습니다. 그냥, 엄마가 하라고 하니까 하는 거죠. 부모 역시 마찬가지입니다. 무더운 땡볕을 뚫고 아이를 위해 나들이를 가는 부모는 아이와 어떤 계약을 맺어서가 아니라, 그저 자기 자식이기 때문에 사서 고생을 합니다.

우리가 너무도 당연하게 여기고 있기에 그 존재마저 잊어버린 이런 마음과 행동, 그것을 고대인들은 경건함piety이라 불러왔습니다. 19세기, 20세기도 아닌 중세 이후 잊힌 이러한 고대 윤리를 스크루턴은 치밀한 논리와 감동적인 문체를 통해 현대의 독자들에게 상기시킵니다. 경건함을 회복하지 않으면 표류하고 있는 우리의 삶은 제자리를 찾을 수 없습니다. 떨어져 나온 톱니바퀴들이 시끄러운 소리를 내며 기계 내에서 굴러다니다 결국 모든 것을 망가뜨려 버리고 말듯, 사회의 일부가 되지 못하고 방황하면서 사람들은 스스로와 사회를 파괴하고 있는 것입니다.

최근의 신조어 두 개만 봐도 우리가 처한 도덕적 파탄의 실상을 파악하기에 충분합니다. 우리는 그것이 내 알 일이냐며 서로를 향해 되묻습니다. '알빠임?' 그리고 상대방의 부아를 치밀게 합니다. 너는 왜 그런 불리한 입장에 처해 있고, 그런 안 좋은 일을 하고 있느냐, 누가 너에게 칼을 들이대며 협박이라도 했느냐는 거죠. '누칼협?'

이 두 단어에는 스크루턴이 비판한 현대 철학의 삐뚤어진 모습의 모든 것이 담겨 있다고 해도 과언이 아닙니다. 스스로를 인격체가 아닌 '인간-동물'로 바라보는 것에 익숙해진 우리는, 그런 시각을 서슴없이 남에게도 들이대는 일에 너무도 익숙해졌습니다. 다른 사람을 나와 같은 인격체로 바라보며, 그런 관점에서 서로 이해하고 공감하지 않는 한 사회는 성립할 수 없고, 사회가 없다면 나의 삶도 있을 수 없다는 당연한 진리를 굳이 설명하며 설득해야 하는 시대가 오고 만 것입니다.

그렇게 서로에게 '알빠임?'을 '시전'하면서, 공허한 마음을 달래기 위해 '무해한' 동물들의 귀여운 동영상을 보며 고독에 몸서리치죠. 하지만 내가 너에게 '알빠임?' 하고 있으므로 너도 나에게 '알빠임?' 할 것이라는 공포는 쉽게 떨칠 수가 없는 것입니다. 상호 존중과 유의미한 대화는 사라지고, 얼굴을 마주 보며 웃는 시간 대신 각자의 방에서 스마트폰 화면을 통해 서로 냉소의 잽을 날리며 이죽거리는 인간 소외의 나날들이 지속되고 있습니다. '알빠임?'이라는 냉소에 중독된 우리는, 이대로 괜찮은 걸까요?

냉소는 한층 더 잔인한 모습으로 진화합니다. 네가 처한 상황과 처지는 모두 네 선택으로 만들어진 것이니 그것을 드러내지도 불평하지도 말라는, '누가 칼 들고 협박했냐'는 비아냥으로 향하고 마는 것입니다. 학교에서 친구들과 사이가 안 좋다고? 누가 그 학교 가라고 칼 들고 협박했냐? 취직했는데 직장 생활이 고달픈데다 월급도 낮아서 힘들다고? 누가 그런 이상한 중소기업 가라고 칼 들고 협박했냐? 세상은 공정한 곳이고 잘못된 건 네 선택밖에 없어. 이제 와서 누굴 탓해?

'누칼협'의 빈정거림을, 우리는 앞서 스크루턴이 말한 '계약주의'가 낳은 가장 버르장머리 없는 자식으로 취급해 볼 수 있을 것 같습니다. 설령 이 세상이 '사회계약'으로 이루어져 있다 해도 그 방점은 '계약'이 아니라 '사회'에 놓여야 한다는 당연한 진리를 잊은 채 우리는 너무 오랜 세월을 보내온 것입니다.

이 세상이 돌아가는 데에는 계약이 중요한 역할을 하지만 세상이 통째로 계약으로 이루어져 있는 것은 아닙니다. 설령 계약으로 이루어져 있다 해도 그 모든 계약이 공정하다고 주장하며 바로 그 내용대로만 이행되어야 한다고 말할 수 있는 사람은 아무도 없습니다. 고대 이스라엘인들이 7년에 한 번씩 채무를 탕감해 주고, 49년이 지나면 희년을 기념하며 모든 부채를 소멸시킨 것은 '사회'보다 중요한 '계약'은 없다는 당연한 진리의 확인이었습니다. 이것은 진보가 아니라 보수의, 혁명이 아니라 종교의 윤리인 것입니다.

우리 사회는 '알빠노'와 '누칼협'에 중독되어 있습니다. 특히 가치관이 제대로 확립되지 않은 청년층을 중심으로 심각한 위기에 처해 있는 듯합니다. 2023년 7월 말부터 8월까지 이어지고 있는 여러 흉기 난동 소식을 되짚어 봅시다. 서로가 서로에게 '알빠노?'라며 외면하고, '누칼협'이라며 낄낄거리자, 실제로 누군가가 칼을 들고 거리에 나와 사람을 마구 찌르기 시작했습니다. 인격체로서의 자신을 부정당한, 아니 그 점을 배우지도 깨닫지도 못한 자들이, 타인의 인격이 담길 수 있는 유일한 그릇을 깨부수는 참극이 벌어지고 만 것입니다.

그런 면에서 2023년 여름의 흉흉한 소식들은 일부 정신질환자의 일탈로 치부할 일도 아니고, '사회적 소외' 같은 뭉툭한 말로 얼버무릴 수 있는 일도 아닙니다. 이것은 철학의 실패입니다. 사람이란 무엇인지, 우리는 어떤 조건 속에 살아가는 존재이며 서로를 인격적으로 마주하게 되는지, 우리를 사람으로 만들고 사회 속에 살아가게 하는 게 무엇인지, 이런 중요한 이야기를 나눈 지 너무도 오래 되었습니다. 대신 '진보와 보수는 뇌 구조부터 다르다'는 둥, '이러저러한 음식을 먹으면 장내 미생물이 잘 자라서 침착한 성격이 된다'는 둥, 사람을 사람으로 보지 않는 여러 현대 담론들만이 횡행하고 있는 것은 아닐는지요.

스크루턴은 영국의 철학자입니다. 이 책이 한국 사회의 여러 문제에 대해 완벽한 해법을 제시할 수는 없을 것입니다. 하지만 여기까지 읽은 독자 여러분이라면 이미 중요한 실마리를 접했다고 할 수 있습니다. 우리가 사회적 존재라는 사실을 올바로 이해하고, 특히 '경건'의 개념을 회복함으로써, 사회를 되살리고 그 속에서 인격체로서의 자아를 되찾는 것입니다.

경건은 분명히 근대 이전의 종교적인 개념입니다. 인간과 신의 관계, 부모와 자식의 관계, 주군과 신하의 관계 등, 본인의 의지로 택하지 않은 그 모든 것을 기꺼이 받아들이고 의무를 이행하라는 전근대적이며 강압적인 무언가라고 할 수도 있을 것입니다. 바로 그런 이유로 근대 이후의 철학자들은 진보와 보수를 막론하고 경건함이라는 개념 자체를 마치 세상에 존재하지 않는 것인 양 외면해 왔다고 스크루턴은 지적하고 있지요.

하지만 '알빠노'와 '누칼협'으로 얼룩진 우리의 오늘을 돌이켜 봅시다. 경건의 개념을 잃어버린 것이 얼마나 심각한 일인지 어렵지 않게 실감할 수 있지 않습니까. 우리는 서로에게 '알빠'입니다. 알아야 합니다. 서로 존중하며 관심을 갖고 신경을 써야 합니다. 그렇지 않으면 사회가 유지되지 않고, 개인도 살아남을 수 없습니다. 우리는 누가 칼을 들이대지 않아도 자신에게 주어진 의무를 이행해야 합니다. 그렇게 묵묵히 의무를 수행하는 이들을 향해 빈정거리고 조롱하는 삐뚤어진 태도를, (비유뿐 아니라 때로는 실제로도) 뒤통수를 때려가며 훈육할 수 있어야 합니다. 세상은 그래야 올바로 돌아가는, 모두의 노력으로 겨우 서 있는 기적의 탑이기 때문입니다.

스크루턴은 경건의 가치를 되새기기 위해 종교에 대한 냉소와 적대적 시각을 거두어 줄 것을 요청합니다. 우리 독자들을 위해 이 책을 번역하고 소개하는 저로서는, 그보다는 우리에게 익숙한 한 편의 시를 인용하는 쪽을 택해보렵니다.

식민지 조선의 수많은 이들을 대신해 유학을 온 청년 윤동주. 그는 머나먼 이국의 자취방에서 잠 못 드는 밤을 보냈습니다. 모든 유학생들이 다 그처럼 예민하고 섬세한 것은 아니었습니다. 거개가 부유한 집안의 자식이었던 조선의 유학생 중 일부는 내일 따위 없다는 듯 유흥과 주색잡기로 재산과 시간을 탕진했습니다. 마치 자신들은 조선인이 아닌 것처럼 굴었지만 일본인이 되지도 못하는 상황 속에서 스스로의 인격을 황폐화하고 있었죠.

윤동주는 오늘날 중국 지린성 동남부와 압록강, 두만강 너머에 해당하는 동간도에서 태어났습니다. 요즘 말로 하자면 '디아스포라'였던 것입니다. 스스로 택하지 않은 운명이지만 받아들였습니다. 몰락한 모국어로 시를 썼습니다. 연희전문학교를 졸업하고 일본 유학길에 올랐습니다. 공부를 채 끝내지도 않았는데 일본 제국은 전쟁을 시작했고 유학생들까지 죽음의 전장으로 끌려갈 판이었습니다. 자신이 선택하지 않은 것이 주어졌다 해도 원망하지 않았습니다. 윤동주의 경건한 마음은 한 줄의 시구로 남아 있습니다. "별을 노래하는 마음으로 모든 죽어가는 것을 사랑해야지. 그리고 나한테 주어진 길을 걸어가야겠다."

이 책의 내용이 모두 옳다거나, 우리 사회의 맥락에 완전히 들어맞는다고 주장할 수는 없습니다. 하지만 우리가 지금까지 접하지 못했던, 혹은 잊고 있었던 어떤 중요한 관점을 제시해 주고 있다는 점은 분명합니다.《인간의 본질》이 독자 여러분의 정신을 일깨워 줄 '찬물 샤워'가 될 수 있다면 이 책을 옮긴 사람으로서 더 바랄 게 없을 듯합니다.

이 책은 경제사회연구원의 번역/저술 지원 사업 대상작입니다. 경제사회연구원의 안대희 후원회장님, 최대석 이사장님, 권남훈 원장님 그 외 경제사회연구원을 이루고 계신 모든 분들께 감사드립니다. 연거푸 지연되는 작업 일정에도 인내심을 잃지 않고 기다려 주신 21세기북스의 김영곤 대표님과 정민기 편집자님, 그 외 수많은 관계자 여러분께도 감사의 말씀을 드립니다. 작업 과정에서 개인적인 도움을 주신 분들께도 감사의 말씀을 전합니다. 마지막으로, 이 책을 선택해 주신 독자 여러분께 감사의 말씀을 올립니다. 이렇게 우리는 '나-너'의 관계 속에서 서로를 마주하게 되었습니다.

2023년 8월, 노정태

들어가며

─────────

이 책은 내가 2013년 가을, 프린스턴대학교의 제임스 메디슨 프로그램의 후원을 받아 수행했던 세 번의 찰스 E. 테스트 강연의 내용을 수정·증보한 것이다. 나를 초청해 주고 방문 기간 동안 환대해 준 제임스 메디슨 프로그램과 관리자인 로버트 P. 조지에게 깊은 감사의 뜻을 표한다. 특히 프린스턴대학교의 활기찬 청중과 그곳에 널리 퍼져 있는 자유로운 탐구 정신에 각별한 감사의 말씀을 전한다. 이 강연록의 출간을 앞두고, 이 책이 기껏해야 나의 관점을 요약한 것에 지나지 않으며, 눈 밝은 독자라면 맞닥뜨릴 수 있을 만한 모든 난제들을 모두 다루지는 않는다는 것을 잘 인지하고 있다. 여기에서 등장한 어려운 문제 중 일부는 《세계의 영혼The Soul of the World》에서 다루었으며, 강연 후 추가한 4장에서도 어느 정도 언급하였다. 그 밖의 문제들은 추후 다른 기회를 엿보거나 내가 무덤까지 끌고 들어가는 수밖에 없을 듯하다.

밥 그랜트, 알리차 게스친스카, 프린스턴대학교 출판부의 익명의 독자 두 명이 이 책의 초고를 읽고 확인해 주었다. 네 사람의 지적을 통해 내가 받은 도움은 실로 막대한 것이었다.

스크루토피아Scrutopia•, 2016년 부활절.

• 1995년 미국 생활을 마치고 돌아온 스크루턴이 구입한 농가와 토지 및 그곳을 중심으로 한 사설 철학 교육 프로그램

차례

CHAPTER 1

인간이라는 종 HUMAN KIND
과학이 설명할 수 없는 고유한 인간성

CHAPTER 2

인간 관계 HUMAN RELATIONS
인격, 타인과의 관계를 이해하는 철학의 열쇠

CHAPTER 3

도덕적 삶 THE MORAL LIFE
도덕에 대한 현대 윤리학의 오해를 바로잡기

CHAPTER 4

신성한 의무 SACRED OBLIGATIONS
근대적 회의로 가득한 세상, 인간과 도덕을 회복하는 길

인간이라는 종
HUMAN KIND

과학이 설명할 수 없는 고유한 인간성

●

잠깐, 과학은 지식을 추구하는 유일한 방법이 아니다. 실천이성의 영역에 속하는 도덕적 지식이 있고, 예술, 문학, 음악의 영역인 감정적 지식도 있다. 게다가 종교의 영역에 속하는 초월적 지식도 존재할 수 있다. 왜 과학만이 세계를 설명할 수 있다는 특권을 부여받는가? 세계를 해석함으로써 우리가 세계를 집처럼 받아들일 수 있도록 도와주는 다른 분야에는 왜 무게를 싣지 않는가?

우리 인간 존재는 생물학적 법칙의 지배를 받는 동물입니다. 우리의 삶과 죽음은 다른 동물들에게서도 볼 수 있는 생물학적 과정이지요. 우리는 생물학적 욕구를 가지고 있으며 유전자가 내리는 재생산의 명령에 갇힌 채 그 영향을 받고 있습니다. 이 유전적 지상 과제는 우리의 정서적 삶에서 우리의 육체, 그리고 육체가 우리에게 미치는 영향력을 상기시키는 방식으로 나타납니다.

오랜 세월 시인과 철학자들은 에로틱한 사랑에 대해 이야기해 왔고, 플라톤은 그 길을 인도했습니다. 그들의 이야기는 사랑의 대상에 가치, 신비로움, 형이상학적 차별성을 부여하여 자연적 질서로부터 벗어난 것처럼 보이게 만들었습니다. 사실 우리가 번식하는 동물로서 성적 선택을 통해 현재의 위치를 확립한 존재가 아니라면 그런 이야기들은 거의 성립조차 하지 않음에도 불구하고, 그들의 이야기 속에서 생물학은 거의 찾아보기도 어렵습니다.

우리는 침팬지, 늑대, 사자와 마찬가지로 영역 동물입니다. 우리는 영역을 선포하고 영역을 위해 싸우는데, 우리 유전자의 성공적인 복제를 위해서는 독점적인 영역이 필요하므로 우리의 유전적 성공은 우리 자신의 성공에 기대고 있다고 할 수 있습니다. 하지만 우리는 대개 정의, 자유, 주권, 심지어 신 같은 고상한 이념을 위해 싸웁니다. 우리는 스스로에 대해 우리가 뿌리내리고 있는 생물학적 현실과 무관한 이야기를 하는 습관이 있다는 것을 다시 한 번 확인할 수 있습니다.

가장 고귀한 인간적 특질마저도 생물학적 토대를 가지고 있거나, 적어도 그런 것처럼 보입니다. 아이를 위해 모든 것을 내려놓는 여성의 자기희생, 가장 큰 고난과 위협마저도 본인이 가치 있다고 믿는 것을 위해 감내할 수 있게 해주는 용기, 심지어 스스로의 욕망을 억누르게끔 하는 중용이나 정의 같은 덕목마저도 그저 하등한 동물에게서 발견되는 무언가와 대응하는 무언가일 뿐이며, 어떤 종에게도 적용 가능한 단일한 설명을 찾아야 할 필요가 있다고 여기는 이들이 적지 않아 보입니다.

인간적 애착은 생물학의 영역으로 포섭되고 말았는데, 그 첫 단추는 대단히 은유적이며 오늘날 대체로 폐기되어 있는 지그문트 프로이트Sigmund Freud의 리비도 이론이었고, 보다 최근에는 사랑, 죽음, 애도를 적어도 부분적으로나마 "안전 기지secure base"에 대한 우리의 욕구에 뿌리를 두고 발생한 부산물이라고 설명한 존 볼비John Bowlby의 애착 이론attachment theory[1]에 의해서였습니다.

정신과 의사였던 볼비는 인간 존재가 지닌 정서적 역량이 온전히 태생적인 것이 아니며 스스로 적응하고 연마해야 할 무언가라는 점을 명확하게 인식하고 있었던 것입니다. 그럼에도 불구하고 볼비는 사랑, 슬픔, 애도를 생물학적 과정으로 묘사하면서 "아이와 어머니의 유대감은 다른 수많은 동물 종에서 공통적으로 발견되는 행태의 인간판이라 할 수 있다"[2]고 주장했습니다.

여기에 동물행동학적 맥락을 부여한 볼비는 프로이트나 그의 직계 제자들에 비해 우리의 근원적 애착에 대해 훨씬 그럴듯한 설명을 제시할 수 있었습니다. 우리의 개인적 애착이란 '진화적 적응 환경environment of evolutionary adaptedness'•에서 수행하는 기능 차원에서 설명 가능한 것으로, 그러한 설명에 따르자면 우리와 다른 포유류 사이에는 그 어떤 근본적인 존재론적 차이도

• 뇌가 진화하는 과정에서 적응해야 했던 환경적 압력. 가령 진화적 적응 환경 이론에 따르면 인류는 100명 내외의 씨족 단위로 살아가며 진화하였으므로 자신이 낳지 않은 아이에 대해서도 모성애나 부성애를 느끼는 것은 유전자를 남기는 데 도움이 되는 일이라고 설명된다. 단, 진화적 적응 환경은 오늘날 우리가 살아가는 현실과 부합할 수도 있고 부합하지 않을 수도 있다.

있을 수 없다는 것이 볼비의 주장이었습니다.

옥시토신oxytocin이라는 호르몬이 발견되고, 다양한 서로 다른 종의 동물이 그 호르몬의 영향을 받아 같은 종의 동물과 애착 관계를 이룬다는 것이 확인되면서, 애착이란 우리 인간들이 지금껏 사용해 왔던 온갖 미사여구로 치장된 이야기 없이도 이해될 수 있고 설명 가능하다는 견해가 더 큰 힘을 얻게 되었습니다.

찰스 다윈Charles Darwin과 앨프리드 월리스Alfred Wallace가 자연 선택natural seletion의 개념과 맞닥뜨렸을 때, 우리가 지닌 도덕성, 자기 인식, 상징성, 예술, 상호적인 감정 등 우리의 '고차원적'인 특성이 우리와 '하등한' 동물을 구분 지을 수 있게 해주는지에 대해 의문이 제기되었습니다.

월리스는 처음에는 그런 구분이 없다고 생각했지만 나중에는 생각을 바꿔서 사물의 질서에는 질적 도약이 있었으며, 인간이 지닌 고차원적 특성은 진화론적으로 볼 때는 멀지 않은 친척들과 공유하고 있는 속성과는 다른 층위를 이룬다는 결론에 도달했지요. 그는 "우리는 진화적인 필요를 넘어서는 지적이고 도덕적인 역량을 부여받았다"[3]며, 이러한 능력의 존재는 적자생존과 자연 선택으로는 설명될 수 없다고 보았습니다.

반면 '자연은 비약하지 않는다natura non facit saltus'•는 관점을 고수했던 다윈은 《인간의 유래》를 집필하면서 인간과 동물의 차이가 비록 심히 크긴 하지만, 그럼에도 불구하고 단계적 발전

이론theory of stepwise development과 조화를 이룰 수 있음을 보여주고자 했습니다.[4]

다윈에게 있어서 도덕적 감각은 다른 종이 지니고 있는 사회적 본능의 연장선에 있는 것이었습니다.[5] 성선택설theory of sexual selection을 통해 그는 자연 선택 이론이 제시할 수 있는 바를 한층 풍성하게 강화했는데, 오늘날 그것을 넘겨받은 스티븐 핑커Steven Pinker와 제프리 밀러Geoffrey Miller는 음악이나 예술처럼 인간이 지니고 있는, 적어도 겉보기에는 그 어떤 진화적 기능도 없는 듯한 많은 "고등한" 영역들마저 성적 차원의 선택으로 인한 결과물로 여겨져야 한다고 주장하고 있습니다.[6]

다윈은 본인의 논지를 이어나가서 표정과 몸짓에서 드러나는 인간의 감정 표현을 다른 동물의 감정 표현과 비교하여 설명했습니다. 그리고 여기서 그의 목적이 우리와 우리의 진화론적 사촌들은 다른 기원에서 출발했다고 볼 근거가 없다는 함의를 전하려는 것임을 알 수 있죠.[7]

● 자연 속의 변화는 점진적이며 선형적이라는 자연과학의 공리. 미분법을 확립한 수학자이자 철학자인 라이프니츠, 진화론자인 다윈 등이 본인 학문의 기본 정신으로 삼은 문구다. 그러나 양자역학의 사례에서 알 수 있듯 모든 자연현상이 선형적이고 연속적인 것은 아니며, 그러한 인식하에 슈뢰딩거 등은 '자연은 비약하지 않는다'는 원리를 반박한 바 있다.

인간은 정말 유전자의
복제품에 불과할까?

이 논란은 로널드 피셔R. A. Fisher가 집단 유전학에 대한 선구적인 업적을 내놓으며 전혀 다른 성격을 띠기 시작했습니다.[8] 다윈은 평생 쓸모 없는 기능과 성적 선택에 대한 문제, 말하자면 공작새의 꼬리라던가 개미집 문제로도 불리는 곤충의 "이타주의"를 놓고 고심했는데, 진화의 요체를 동물의 성적 재생산이 아닌 유전자의 자기복제로 옮겨놓자 관점의 근본적 변화가 일어났던 것입니다.[9]

존 메이너드 스미스John Maynard Smith와 조지 프라이스G. R. Price가 우아하게 써내려 간 한 편의 에세이를 통해 보여주었다시피[10], 자연 선택을 유전자의 복제 '전략'에 지배받는 무언가로 바라보는 이 새로운 시각은 유전적 경쟁에 게임 이론의 적용을 가능케 하며, 다윈에 의해 발견되었고 콘라트 로렌츠Konrad Lorenz가 그 세부 사항을 서술했던[11] 또 다른 유명한 문제인 공격성에 대해 그럴듯한 해법을 가져다줍니다.

발정기 수사슴이 벌이는 뿔싸움은 그런 싸움을 하는 수사슴의 유전자 번식을 가능케 하며, 암사슴의 유전자에는 번식을 위한 투자에서 최적의 보상을 제공하는, 이른바 "진화적으로 안정화된 전략evolutionary stable strategy"에서 파생된 것으로 볼 수 있게 되는 것입니다.

로버트 액설로드Robert Axelrod[12]에 의해 정식화된 이러한 접근법은 상당한 파급 효과를 낳았는데, 가령(다른 짐승의 피를 빨아온 암컷 박쥐들이 굶주리고 있는 다른 암컷 박쥐에게 그 피를 나누어 주듯) 혈연 선택이 없는 상황에서도 상호 이타적인 협력이 발생하는 것은 그러한 행동에 진화적 이점이 있어서일 수 있다고 설명할 수 있게 된 것이지요. 이것은 '이타성'에 대한 일반 이론을 함의하고 있기도 합니다.

그 이론의 지지자들에 따르면 다른 선택의 여지없이 스스로를 희생하는 병정 개미뿐 아니라 겁에 질렸으면서도 영웅적으로 자신을 내던지는 인간 군인들의 이타성 역시 같은 방식으로 설명이 가능합니다.[13] 간단히 말해, 도덕적 감각이 다른 생물종의 사회적 본능의 연장선상에 있다는 다윈의 주장을 증명하는 데 한 발 더 가까워진 듯합니다.

유전적 접근법에 대한 비판이 없는 것은 아닙니다. '집단 선택' 옹호자들은 집단이 개체 수를 스스로 조절하고 무리를 나누어 움직이는 등 사회적으로 복잡한 행동을 하기 위해서는 유전자보다 더 높은 층위에서 선택이 일어나야 한다고 주장합니다.[14] 동물의 사회적 행태부터 인간의 사회적 행동까지 일련의 변화의 사슬이 작은 규모의 전환을 통해 연결될 수 있느냐는 회의를 드러내는 또 다른 비판자들도 있습니다.

특히 노엄 촘스키Noam Chomsky는 언어 능력의 획득이 전부 아니면 전무일 뿐이라고 주장합니다. 규칙을 따르면서 동시에 창의적으로 언어를 구사하는 능력은 단어와 사물을 일회적으로 연결 짓는 식으로 만들어질 수 없다는 것이지요.[15] 촘스키주의자라면, 가령 침팬지나 돌고래 같은 동물이 우리와 같은 존재라는 것, 혹은 우리가 동물과 같은 존재라는 것을 입증하기 위해 동물에게 인간의 언어를 가르치려는 시도 자체를 부질없는 것으로 여길 것입니다.[16]

단어와 사물, 단어와 경험을 연결 짓는 동물이 우리에게 얼마나 흥미롭건 간에 그러한 연결 짓기는 변형생성문법transformational grammar에 내재된 것과는 근본적으로 다른 유형입니다. 생성문법generative grammar과 의미 조직semantic organization으로부터 동떨어진 사고, 대화, 질문의 수단이라기보다는 새의 울음소리나 위험을 알리는 보노보의 함성, 혹은 개가 흔드는 꼬리에 더 가까운 쪼가리들이죠.

다시 말하지만 이것은 결정적인 반론이라고 두루 인정받는 주장이 아니며, 유전자주의자geneticists들은 소리와 뜻이 뭉친 쪼가리들이 언어 능력으로 발전하였고 그 발전은 유전적 단계에서의 선택을 통해 이루어졌다는 것을 보여주기 위해 이른바 "공통기어共通基語; protolanguage" 이론을 발전시켜 나갔습니다.[17]

리처드 도킨스의 밈 이론이
간과한 것들

우리는 인류가 환경에 적응해 왔다는 것을 알고 있지만, 스스로에 맞춰 환경을 적응시켜 왔다는 것 또한 알고 있습니다. 인간은 유전자 적응뿐 아니라 문화적 적응도 다음 세대에게 계승해 왔습니다. 인류는 정보, 언어, 이성적 교류를 통해 자신의 세계를 만들어 왔습니다. 이 모든 기능들은 생물학적으로 획득될 수 있고 진화 이론의 한켠에 자리를 부여받을 수 있겠지만,[18] 그 이론은 일단 유전자의 복제를 설명하기 위한 것이었지 사회의 재생산을 염두에 둔 게 아니었습니다.

게다가 인간 사회란 유인원의 군집생활과는 다른 것이죠. 사회는 인격체로 이루어진 공동체로서 사람은 상호 간 판단을 하며 도덕적 개념에 따라 세계를 구성하는데, 침팬지의 사고 속에 도덕이 있다고 주장하기는 어려울 것입니다. 언젠가는 인지과학이 도덕적 개념들을 두뇌와 두뇌의 기능에 대한 이론, 어떤 생물학적 이론으로 포섭하는 일이 가능할지도 모르겠습니다. 하지만 그러한 이론이 진실인지 여부는 월리스의 표현을 빌자면 "진화적 필요를 훌쩍 넘는 과잉"으로 보이는 확실히 인간적인 능력들을 놓고 판단해야지, 우리가 다른 동물들과 공유하는 생물학적 성격을 놓고 볼 일은 아닌 것이지요.

자, 이런 주장을 하는 철학자라면 리처드 도킨스Richard Dawkins 의 《이기적 유전자》가 출간된 이래 모든 경로에서 흘러넘치게 된 막강한 주장과 맞서고 있는 스스로를 발견하게 됩니다. 도 킨스는 인류 문화가 제시하는 그 모든 까다로운 사실들을 자연 선택으로 설명할 수 있다고 주장하는데, 이는 우리가 개별적인 장기를 바라볼 때와 같은 원리를 통해 문화의 발전을 바라봄으 로써 가능하다는 것이죠.

인체의 장기가 자기 복제하는 유전자에 의해 개발된 "생존 기계"인 것과 마찬가지로, 문화는 마치 바이러스가 세포의 에 너지를 이용하듯 인간의 두뇌의 에너지를 이용해 스스로를 복 제하는 정신적 개체인 "밈"에 의해 개발된, 일종의 기계라는 소 리입니다.

유전자와 마찬가지로 밈 역시 생활권生活圈; Lebensraum을 필요로 하며, 그 생존의 성패는 같은 부류의 예시를 더욱 많이 생산해 내기에 안성맞춤인 생물학적 위치를 찾아내는 데 달려 있습니 다. 그 위치란 바로 인간의 두뇌인 것이지요.[19]

밈은 인간 두뇌에 머무르며 스스로를 재생산하기 위해 두뇌 를 사용하는 자기 복제하는 문화적 개체로, 오페라 〈리골레토〉 가 첫 공연을 한 다음날 아침부터 모든 이들이 '여자의 마음La donna è mobile'을 흥얼거렸던 것을 떠올려보면 알 수 있듯 마치 인 간 공동체에 전염병처럼 확산됩니다.

도킨스의 주장에 따르면 개념, 믿음, 태도 등은 이런 자기 복제하는 개체가 취하는 의식적 형태로, 숙주의 에너지를 사용해 스스로를 퍼뜨리는 질병처럼 스스로를 퍼뜨립니다. "마치 유전자 풀 속의 유전자가 정자나 난자를 통해 육체에서 육체로 옮겨 다니며 스스로를 퍼뜨리듯, 밈 풀 속의 밈은 넓은 의미에서 모방이라 할 수 있을 과정을 통해 두뇌에서 두뇌로 옮겨다니며 스스로를 퍼뜨린다."[20]

대니얼 데닛Daniel Dennett은 이 과정이 반드시 해로운 것은 아니라고 덧붙입니다.[21] 기생하는 생명체들 중에는 숙주에게 해를 끼치지 않는 공생동물도 있고, 숙주가 환경 속에서 생존하고 번성하는 데 도움을 주며 긍정적 영향을 미치는 상리공생동물도 있는 것처럼 말이지요.

이 이론을 조금이나마 그럴듯하게 만들기 위해서는 과학에 속한 밈과 단순히 '문화적'인 밈을 구분해야 합니다. 과학적 밈은 밈을 품어주는 두뇌에 의해 효과적으로 단속되는 대상으로, 과학 자체의 진리 탐구 방식의 일환으로서만 개념과 이론을 수용합니다. 문화적인 밈은 그저 과학적 해석의 영역 바깥에 위치하며 모든 종류의 인지적·감정적 무질서를 야기하는 난동을 벌일 수 있습니다. 문화적 밈은 진리의 개념에 포박되는 등 외부로부터의 규제와 단속에 스스로를 내맡기지 않고 그저 자기 재생산의 길을 좇는데, 이는 밈이 침투해 들어가는 유기체의 목적과 크게 다르지 않습니다.

밈이라는 개념은 은유 차원에서 볼 때 매력적이지만, 실상은 어떨까요? 밈학memetics의 관점에서 볼 때 생명을 얻은 엉터리 관념은 참된 이론과 같은 지점에서 출발하며, 재생산에 성공한 밈만이 사후적으로 명예를 인정받습니다. 여기서 성공을 가르는 유일한 기준은 그 밈이 숙주의 생명에 긍정적 영향을 주었느냐, 아니면 생명을 파괴하거나 공생하였느냐입니다.

그런데 인간 존재를 구분 짓는 중요한 특색 중 하나는, 인간은 관념과 그 관념이 반영하는 현실을 구분할 수 있고, 동의하지는 않는 전제를 즐길 수 있으며, 관념의 영역에서 심판자처럼 각각의 관념을 이성적 논쟁의 법정에 세우고, 관념을 재생산하는 비용과 무관하게 그 관념들을 받아들이거나 거부할 수 있다는 것입니다.

이렇듯 비판적 반성이 유지되는 것은 과학의 영역에서만 벌어지는 일이 아닙니다. 잘 알려져 있다시피 매슈 아널드Matthew Arnold는 문화를 "우리가 관심을 갖는 모든 문제에 대해 생각해왔던 것들과 세상 속에서 말해진 것 중 최고의 것들을 알아가면서, 그 지식을 통해 우리가 지닌 기존의 개념과 습관에 신선하고 자유로운 사고를 불어넣음으로써 전체적 완벽을 추구하는 것"[22]이라 묘사한 바 있지요.

19세기에 과학을 바라보던 관점에 묶여 있는 수많은 사람들처럼, 도킨스는 19세기에 제시된 반박들을 간과하고 있습니다. "잠깐, 과학은 지식을 추구하는 유일한 방법이 아니다. 실천이성의 영역에 속하는 도덕적 지식이 있고, 예술, 문학, 음악의 영역인 감정적 지식도 있다. 게다가 종교의 영역에 속하는 초월적 지식도 존재할 수 있다. 왜 과학만이 세계를 **설명**할 수 있다는 특권을 부여받는가? 세계를 **해석**함으로써 우리가 세계를 집처럼 받아들일 수 있도록 도와주는 다른 분야에는 왜 무게를 싣지 않는가?"

이 반론은 지금껏 설득력을 잃지 않고 있습니다. 또한 '밈학'의 근본적인 약점을 지적합니다. 설령 밈화된 정보들이 때로 존재하며, 모종의 복제 과정을 통해 뇌에서 뇌로 전파된다 해도, 그것은 의식적 사고보다 앞서 머리로 들어올 수는 없다는 것입니다. 유전자와 유기체의 관계에 대응하여 정신과 밈의 관계가 있다고들 하지만(비록 도킨스나 밈에 대해 생각하는 그 누구도 그런 증거를 제시하지 않고 있습니다만), 설령 밈이 존재한다 한들 밈이 목적 없이 무한히 재생산하는 것은 우리가 신경써 줄 필요가 없는 일이죠.

반면 개념은 비판적 사고의 의식적 네트워크를 이루는 일부분입니다. 우리는 개념의 진실성, 타당성, 도덕적 적합성, 우아함, 완전성, 매력 등을 놓고 평가합니다. 우리는 때로 진실과 설명을 찾는 여정 속에서, 때로는 의미와 가치를 찾는 과정에서 개념을 받아들이거나 폐기하죠. 그 두 가지 활동 모두 우리에게는 필수적입니다. 비록 문화는 과학이 아니지만, 그와 무관하게 비판적 정신의 의식적 활동이라는 것입니다.

예술과 음악 같은 고급 문화건 도덕과 종교적 전통에 내재되어 있는 더 넓은 의미에서의 문화건, 문화는 그 내재한 가치에 따라 관념들을 솎아내고 우리로 하여금 세상을 집처럼 여길 수 있도록, 그 속에 담긴 개인적 가치와 공명할 수 있도록 도움을 줍니다. 밈 이론은 그 진실을 부정하지 못할 뿐 아니라 문화를 과학과 마찬가지로 합리적 정신의 활동으로 바라보는 19세기적 관점에 따른 이해 역시 허물어뜨리지 못합니다.

인간에 대한 과학적 접근법이
잘못된 이유

밈이라는 개념은 마르크스의 "이데올로기", 프로이트의 "무의식", 푸코의 "담론" 같은 또 다른 전복적 개념들의 무리에 속하는데, 이는 모두 일반적인 편견에 대한 불신을 키우려는 목적을 지니고 있습니다. 밈이라는 개념은 환상을 폭로하고 우리의 꿈에 대한 그럴듯한 설명을 제공하려 듭니다. 하지만 밈이라는 개념 자체가 일종의 꿈이고, 어떤 이데올로기로서 그 진실 여부가 아니라 그것을 논하는 이들이 부여하는 환상의 힘에 의해 받아들여진 것입니다.

밈 개념은 특히 데닛이 《주문을 깨다》에서 내놓은 것 같은 몇몇 충격적인 논변을 생산해 냈죠. 그런데 그 처방으로 제시된 내용에는 해결하고자 하는 문제가 고스란히 담겨 있다는 것을 알 수 있습니다. 밈 이론은 과학주의적 사고에 빠진 이들이 위협으로 여기고 추방하고자 하는 바로 그런 주문인 것입니다.

이 점에 비춰볼 때, 비록 인간성의 기능을 "진화적 필요를 과잉하는 것"으로, 마치 우리가 지닌 그 어떤 특질도 환경 적응의 산물일 뿐이며 이성마저도 당연히 그러하다고 생각했다는 점에서는 분명히 틀렸지만, 그럼에도 인간성의 기능을 세계와 별

개의 것으로 보며 그 점을 강조했던 월리스는 분명 어떤 핵심을 짚고 있었던 것으로 보입니다.

그토록 어렵게 표현되는 이성은 어떤 면에서 보자면 "우리의 본질"인 것입니다. 그러니 우리 인간이란, 설령 우리가 동물이라 하더라도, 다른 동물들과 비교 가능한 배열표의 한 자리를 차지하는 존재가 아니라는 점을 월리스는 지적하고 있었던 것이지요. 여기서 마치 문화의 독특한 성격을 두고 생물학자와 진화심리학자들이 벌이는 것과 유사한, 구체적으로 인간의 본성이 무엇이냐에 대한 철학적 논쟁이 대두됩니다. 우리는 어떤 부류에 속하는 존재일까요?

도킨스는 목표와 이성적 선택을 설명하기 위해 유전 물질을 끌어들였는데, 유전 물질은 선택하는 존재가 아닙니다. 그는 유전 물질을 "이기적" 객체로, 재생산이라는 "목표"에 의해 추동되는 무언가로 묘사했지만, (적어도 수사법에 덜 함몰되어 있을 때만큼은) 유전자가 이기적인 존재가 아니며 그럴 수도 없다는 것을, 이기적이라는 건 사람의 기질과 이성적 목표에 따라 규정되는 인간의 기능이라는 것을 인지하고 있었습니다.[23]

이런 목적론적 어구들은 제대로 된 생물학 이론이라면 반드시 기능적 설명으로 대체되어야 할 것입니다.[24] 선수는 경기를 이기고 싶어 하며 그에 따라 승리에 적합한 전략을 채택합니다. 행위에 대한 목적론적 설명이란 이런 것이죠. 반면 자연 선택은 승리 전략이 선택'된다'고 우리에게 말하고 있으며, 그들은 자연 선택을 아무것도 원하는 바 없는 유전자에 따른 행태로 서술하고 있지요. 이는 기능적 설명으로 의도, 선택, 목표에 대해 아무것도 말하고 있지 않습니다.

기능적 설명은 생물학에서 중심적인 위치를 차지하고 있습니다.[25] 새에게 날개가 있다는 사실은 날개의 기능, 즉 새가 날 수 있게 해준다는 것으로 설명이 되죠. 특정 시점에서 임의의 돌연변이가 발생하면서 날개가 있는 생명체를 만들어 냈고, 희소한 자원을 두고 경쟁을 벌이는 가운데 그 생명체는 경쟁자보다 결정적인 우위를 차지할 수 있게 되었습니다.

하지만 기능적 설명을 보충해 주는 것은 임의적 돌연변이 이론이며, 이 이론은 어떤 특질이 그 기능에 의해 존재하는 **방식**을 설명하는 이론이라는 점을 놓고 볼 때 인과적 설명causal explanation이라 보기에는 도저히 충분하지 않다는 점을 짚어두어야 할 것입니다.

액설로드와 메이너드 스미스가 앞장서고 있는 이타성과 도덕성에 대한 "설명"은 이 점에 크게 기대고 있지요. 유전적으로 협동심이 약하고, 자녀를 보호하려는 본능이 희박하며, 자녀를 위해 희생하려 들지 않고, 성적 자제력이 없으며 폭력에 대한 통제가 약한 개체군은 재생산과 관련해 제 기능을 못하는 특질을 물려받은 개체군이 됩니다. 그러니 그들은 사라지겠지요.

하지만 이런 지엽적인 진실로부터 우리는 도덕적 처신이나 도덕적 사고의 원인에 대해, 그리고 그 근원에 대해서도 아무것도 추론해 낼 수 없습니다.

도덕이 종 내 집단 선택group selection●의 결과라기보다 자연 선택의 결과라는 결론이 뒤따르는 것은 아니며, 마찬가지로 도덕이 이성적 사고의 작업보다는 우리의 생물학적 구조에 따르는 것이라는 결론이 뒤따르는 것도 아닙니다. 사실상 도덕적 판단의 토대와 이성적 존재의 삶에서 그것이 차지하는 자리를 탐색하는 데 있어서 철학적 작업을 우회하거나 간과할 수 있게끔 해줄 그 무엇도 기능적 설명을 따라 도출되지는 못합니다.

제 기능을 못하는 특질이 소멸한다는 것은 지엽적인 진실이며, 기능적 특질이 그 기능**으로 인해** 존재한다는 것은 버젓한 이론적 주장입니다.[26] 합당한 이론이 제시되기 전까지 그 주장은 지적인 무게를 지닐 수 없습니다. 여러분은 유전학이 이론적 필요를 충족시켜 주고 있다고 생각하실지도 모르겠습니다. 그 속에는 이타심이 우리의 종족 내에서 유전적 경쟁을 함에 있어서 "진화적으로 안정된" 해법이라는 내용이 담겨 있으니

● 자연 선택이 개체가 아닌 집단 수준에서 작용한다고 주장하는 생물학 이론. 자연 속 경쟁이 개체가 아닌 집단 단위에서 작동한다고 전제함으로써 집단의 도덕적 행동 동기를 개체에 내재된 유전자와 직접 연결 짓지 않을 수 있는 장점을 지닌다. 데이비드 슬론 윌슨과 엘리엇 소버, 에드워드 윌슨 등이 주요 지지자로 거론된다.

말입니다.

하지만 그 설명은 "이타주의"의 **충분**조건만을 제공할 뿐이며, 그마저도 이타주의를 보다 높은 도덕적 사고의 영역을 우회하도록 재서술하고 있을 뿐입니다. 만약 정언명령에 대한 칸트의 말이 옳다면 우리가 보편적 준칙을 지향하도록 해주는 공리가 우리에게 어떤 행동을 하게끔 명령할 것인데, 그 독립적인 충분조건의 이름은 다름 아닌 이성입니다.

게다가 실천이성은 유전자주의자들이 선호하는 최소주의적 방식으로 규정된 이타성뿐 아니라 도덕적 사고와 감정의 상부구조까지 설명해 줍니다. 또한 **우리가 속한 유형**이 무엇이냐에 대한 어떤 이론을 제시하는데, 그렇게 제시된 이론은 유전적 자기 희생을 게임이론적으로 응용한 것에 맞서는 것이기도 하지요. 칸트에 따르면 우리는 **인격**이라는 유형에 속하며, 인격이란 본질적으로 자유롭고 스스로를 인식하는 이성적인 행위자로, 이성에 복종하며 도덕 법칙에 구속되는 존재입니다.

이기적 유전자 이론에 따르면 우리는 **인간이라는 동물**human animal 유형에 속해 있으며, 인간은 본질적으로 유전자의 복잡한 부산물입니다. 칸트는 자신의 이론이 인간 존재를 "지구상 다른 존재들보다 무한히 우월하게끔"[27] 올려놓는다고 보았습니다. 하지만 그의 이론은 인간이 아닌 존재들 역시 우리와 같은 유형에 속할 여지를 준다는 것 또한 사실입니다. 가령 천사라던가, 어쩌면 돌고래들까지도 그렇지요. 이기적 유전자 이론은 그런 가능성을 어불성설이라며 일축해 버릴 것입니다.

우리가 무엇이냐는 질문을 우리가 무엇이었느냐로 치환할 수 있으며, 인류에 대한 진실은 우리의 계보에 갇혀 있다고 전제한 채 생물학이라는 과학을 대중화한 이들은 그 학문을 인간의 조건을 보다 단순한 원형으로 끌어내리기 위해 사용했습니다. 대중적 유전학의 앞선 물결은 스스로를 "사회생물학sociobiology"이라 칭했는데, 결국은 다음과 같은 불편한 결론에 의도적으로 이르렀습니다. "도덕성은 인간 유전 물질을 손상 없이 유지하는 것 외의 다른 명백한 궁극적 목적을 지니고 있지 않다."[28]

이러한 결론은 상식의 언어에 의존하고 있지만 동시에 그 상식적 표현이 의미를 얻기 위해 의지하는 전제를 부정하고 있습니다. 이런 수작은 인간의 사고 영역 중 거의 대부분의 분야에서 통하지만, 특히 우리의 도덕과 종교적 개념을 조롱할 때 그 효과를 가장 톡톡히 발휘하는 수법이지요.

과학적 추론에는 결함이 있을 수 있지만 힘이 있는데, 평범한 사람들은 올바른 것을 믿으면서도 이성적인 논증을 통해 과학적 추론과 맞서지는 못하는 불행한 위치에 놓여 있습니다. 따라서 평범한 믿음, 말하자면 어떤 근거가 있다 한들 과학적 논증이 아니라 종교적 신앙에 의해 지지되는 그런 믿음을 공격

함으로써 과학자들은 쉽게 점수를 따내고 자신들의 약점은 덮어버리는 것이지요.[29]

과학은 인간이 웃는
진짜 이유를 모른다

저는 우리가 동물이라는 걸 부정하지 않지만, 우리의 생물학적 기능이 인격을 가진 인간으로서 우리의 본성에 불가결한 부분이며 근본적인 도덕적 선택의 목적이라는 신학적 교리에는 반대하지 않습니다.[30] 그러나 저는 우리가 유전학에 의해 제시된 설명과는 다른 방식으로 이해되어야 하며, 우리가 생물학적 유기체로 규정되는 부류에 속하지 않는다는 제안을 진지하게 받아들이고 싶습니다.

"이기적 유전자" 이론은 인류의 기원을 설명할 때 좋은 방편이 될 수 있을지도 모르겠습니다만, 무엇이 무엇이냐는 질문은 무엇이 어떻게 형성되었느냐는 것과 별개의 질문이며, 두 번째 질문에 대한 답은 첫 번째 질문에 대한 답이 아닐 수도 있습니다. 인간 동물의 진화를 탐색함으로써 인격을 이해하고자 하는 것은 마치 베토벤 교향곡의 특별함을 발견하기 위해 그 작곡 과정을 추적하는 것과 다를 바 없는 불가능한 시도일 수도 있습니다.

사람을 다른 종과 구분 짓는 특징 중 하나인 웃음에 대해 생각해 봅시다. 다른 그 어떤 동물도 웃지 않죠. 우리가 하이에나의 웃음소리라고 부르는 건 인간의 웃음소리를 연상시키는 무언가일 뿐입니다. 진짜 웃음이라면 복잡한 사고의 패턴에 바탕을 둔, 무언가에 **대한** 웃음, 즉 기쁨amusement의 표현이어야 마땅합니다.

물론 T. S. 엘리엇의 말마따나 "기쁨을 멎게끔 하는 웃음"● 또한 있다는 것이 사실입니다. 하지만 우리는 그런 "공허한" 웃음을 보편적인 경우, 다시 말해 기뻐서 웃는 경우의 예외로 이해하지요. 제가 볼 때 그 어떤 철학자도 이 문제를 제대로 더듬어 보지 않았습니다. "갑작스러운 영광sudden glory"이라는 홉스의 웃음에 대한 서술에는 어떤 마법적인 성격이 담겨 있습니다만 "영광"은 모든 웃음이 승리의 한 형식이라는 함의를 전달하며, 이는 분명 진실과 거리가 멉니다.

쇼펜하우어, 베르그송, 프로이트는 웃음의 핵심에 자리 잡은 어떤 사고를 규명하기 위해 노력했지만 그들 중 누구도 부분적인 성공 이상을 거두지는 못했다고 저는 생각합니다.[31] 헬무트 플레스너Helmuth Plessner●●는 웃음과 울음을 인간 조건의 핵심으로 보았고 그 기능이 우리를 구분 지어준다고 생각했지요.[32] 하지만 그의 현상학적 언어는 불투명하고 웃음이나 눈물에 대한 명료한 분석으로 나아가지 못했습니다.

● T. S. 엘리엇의 시 '가벼운 현기증Little Gidding'의 한 대목
●● 독일의 철학자. 막스 셸러와 함께 철학적 인간학을 정립했다. 인간 존재의 여러 국면에서 경험되는 요소를 현상학적 방법을 통해 포착하고 기술하고자 하였다.

그런데 여기서 웃음이란 우리가 지닌 그 모든 인간적인 결점을 받아들이게끔 해주는 능력의 표현이라는 반론이 제기될 수도 있을 듯합니다. 웃음은 절망에 맞서도록 집단 감정 내에 주입되는 일종의 예방주사 같은 것이라는 주장이죠. 웃음이 집단 감정을 겨냥하는 것이라는 이러한 사실을 논의의 장으로 끌어올린 사람은 프랭크 버클리F.H. Burkley[33]였습니다. 그런데 이렇게 제안된 해석은 또 다른 논의를 불러오지요. 판단을 내리는 존재만이 웃을 수 있다는 것입니다.

일반적으로 우리는 **어딘가 모자라는** 것이라던가 우리의 행동들을 우스꽝스럽게 보이게 하는 거창한 무언가와 나란히 배치하는 재치 있는 말을 접할 때 웃게 마련입니다. 만약 아이들의 웃음이 이런 경우와 매끄럽게 들어맞지 않는다면, 그건 아이들의 웃음이 아이들과 마찬가지로 성인의 삶의 토대가 되는 사회적 분별력을 완전히 갖추기 위해 발달하고 있는, 일종의 배아 단계의 존재이기 때문입니다.

그러니 아이들이 뭔가를 접하고 기뻐하는 것은 아이들 나름대로 그들이 맞닥뜨리는 규범과 비교하고 있기 때문인 것이지요. 원숭이가 즐거움을 느낀다는 사례들 역시 비슷한 방식으로 이해되어야 하는 것으로 보입니다.[34] 인간 주인에게 이끌려 판단력의 경계까지 도달한 동물들은 기쁨의 경계에도 도달하게 됩니다. 그리고 그렇게 경계에 도달한 동물들로 인해 인간 어린이가 한걸음에 뛰어넘어 버리는 그 경계가 얼마나 깊은지 드러나게 되는 것이지요.

그러니 웃음을 설명하려면 우리가 타자에 대해 판단을 내릴 때 관여하는 특정한 사고의 흐름에 대해 설명해야만 합니다. 이상과 현실이 충돌할 때 우리가 느끼는 쾌감에 대해 설명해야 하며, 또한 그런 쾌락이 지니고 있는 모종의 사회적 지향성에 대해서도 설명해야 합니다. 물론 우리는 인간 두뇌의 인지적 소프트웨어와 그것이 탑재되어 있는 생물학적 "습식 하드웨어"를 앞세워, 이러한 설명의 싹을 잘라버릴 수도 있을 것입니다. 하지만 유전학이 주는 정보가 적거나 없는 상황에서 이러한 설명은 그저 순수한 추측에 불과할 뿐입니다.

저는 진화심리학자들이 웃음에 대해 다음과 같이 제안하는 장면을 떠올려 봅니다. 웃음은 우리가 공유하는 결함을 향한 분노를 중화시켜 주므로 우리가 저지른 실수를 바라보고 같이 웃음으로써 그 실수를 받아들이고, 그로 인해 완벽하지 않은 이웃들과의 협동을 가능케 한다고 그들은 설명할 테지요. 따라서 웃는 사람들의 공동체는 웃음이 없는 이들의 공동체에 비해 비교 우위를 갖게 될 것입니다.

잠깐만 되짚어 봐도 이런 설명이 공허하다는 것을 금방 깨달을 수 있습니다. 이것은 설명이 필요한 부분, 그러니까 웃음이 협동을 촉진한다는 주장을 전제로 한 설명이기 때문입니다.

물론 제가 웃음을 묘사하는 방식 역시 그러하다는 것을 인정합니다. 하지만 저는 생물학이나 유전학 이론이 제시하는 설명과는 퍽 다른 경로를 걷고 있지요.

제가 묘사하는 사고의 과정들은, 잘 알려져 있다시피 진화생물학 내에서 확실한 자리를 확보할 수 없는 오류나 관념과 연루된 개념들입니다. 저는 웃음이 이해의 표현 방식이며 그 이해는 공유될 수 있을 것이라고 추측했습니다. 저는 그 추론의 어떤 과정에서도 웃음의 공유가 누군가의 유전자에 유전학 이론에서 말하는 어떤 방식의 도움을 줄 것이라고 추측한 바 없습니다.

사실 제가 고찰한 바에 따르면 웃음은 인간의 삶에서 나온 전적으로 잉여스러운 부산물일 수도 있을 겁니다. 저의 고찰이 유전학적 논의와 다르다면 그 이유는 오직 제 고찰이 과학적 논의가 아니며, 인간의 행위를 생물학적 원인보다는 사회적 의미에서 이해하고자 하는, 빌헬름 딜타이Wilhelm Dilthey가 말한 '이해Verstehen'에 해당하기 때문일 것입니다.[35]

어떤 생물종이 모여 앉아 뭔가를 가리키며 웃음 비슷한 소리를 내고 있고, 한 무리의 생물학자들이 그 광경을 목격하고 있다고 가정해 봅시다. 그들은 그 생물종의 행태를 뭐라고 설명할까요? 생물학자들은 **가장 먼저** 그들이 관찰한 것이 진짜 웃음인지 알아야 할 것입니다. 말하자면 그 생물들이 무언가를 향해 웃고 있는지, 무엇을 **향해** 가리키고 있는지 알아야만 하는 것이죠. 그리고 이 '**향하다**'라는 단어는 과학적 분석에 의해 쉽게 포착되는 것이 아닙니다.

프란츠 브렌타노Fraz Brentano가 묘사한 바와 같이, "향하다"는 "어떤 목적에 대한 정신적 방향성", 즉 지향성intentionality의 징표로,**36** 우리가 문제의 행위 흐름으로부터 사고의 전개를 해석할 수 있을 때에만 판독해 낼 수 있습니다. 그러니 설명을 위한 모든 작업은 그에 선행하는 해석 작업에 의존하며, 그 생물이 마치 우리처럼 무언가에 의해 기뻐하는지, 아니면 우리와는 다른 존재이므로 웃음처럼 보이는 그러한 행위는 다른 방식으로 설명되어야만 하는지에 대한 해답도 그 지점에서 나뉜다고 할 수 있겠습니다.

만약 우리가 후자의 결론에 도달한다면 동물행동학의 방법론을 이 사안에 적용하는 일이 가능해지겠죠. 즉, 그 웃음 같은 행태가 그런 행동을 하게끔 만드는 유전자에게 생태학적 우위를 보장하는지 질문해 볼 수 있을 것입니다. 만약 우리가 전자의 결론에 도달한다면, 우리는 그 생명체를 우리가 서로 이해하는 것과 같은 방식으로 이해해야만 합니다. 그들이 어떻게 세계를 개념적으로 포착하며, 어떤 가치에 반응하고 무슨 동기로 움직이는지 물어야 한다는 것입니다.

저는 기쁨이 우리의 특성 중 하나라는 의미를 담아 "우리 같은like us"이라는 어구를 사용했습니다. "우리 같은 생명체"란 무엇을 의미할까요? 오직 사람만을 포함하는 개념일까요? 아니면 보다 넓은, 혹은 어쩌면 더 좁은 범주를 염두에 두고 있는 것일까요? 호메로스는 "신들의 웃음"에 대해 말하고, 존 밀턴은 천사들의 웃음을 이야기했습니다. 우리는 자연종, 구체적으로 '호모 사피엔스 사피엔스'라는 생물학적 종에 속해 있지요. 하지만 우리가 우리와 같은 생명체에 대해 말할 때 우리의 생물학적 종 구성에 대해 이야기하고 있다고 장담할 수는 없을 겁니다.

웃음에 대해 마지막으로 하나만 더 짚어봅시다. 제가 설명한 바와 같이 웃음은 인간 공동체에 유익benefit을 주는 듯 보입니다. 함께 웃는 이들은 함께 자라고, 그들이 지니고 있는 너무도 인간적인 결함을 웃음의 힘으로 상호 용인하며 결국 이겨낼 테니까요. 하지만 유익을 제공하는 모든 것이 어떤 기능을 갖고 있는 것은 아닙니다. 즐거워서 깡충깡충 뛰거나, 음악을 듣거나, 새를 관찰하거나, 기도하는 등 전적으로 무용한 행위들 역시 막대한 유익을 제공하곤 하니까요.

여기서 제가 무용하다고 말하는 건 그런 유익한 행위의 효과가 아니라 원인에 대해 이야기하는 겁니다. 웃음의 경우에도 그렇습니다. 웃음을 위협으로 간주하고 혹독하게 처벌하는, 웃음을 상실해 버린 공동체가 세상에 더러 존재합니다. 하지만 웃음 없는 공동체가 바로 그러한 이유로 잘 작동하지 않을 것이라고 할 수는 없죠. 알고 보면 코미디언들이 모여 만든 공동체보다 생존을 위한 싸움에 더욱 잘 대비되어 있을 수도 있을 테니까요.

실제로 식민지 메사추세츠에 정착한 웃음 없는 청교도들은 그들의 정착 초기에 중요한 생존 전략을 택했다고 주장할 수도 있습니다. 하지만 청교도들에게 부족했던 웃음은 오히려 그들에게 유익했을 겁니다. 웃음이란 이성적 존재에게 즐거움을 주는 무언가이니까요.

니체가 오해한
인간의 근본적 진실

우리를 유인원 친척들과 구분 지어 주는 인간 조건의 또 다른 특징feature인 책임감으로 눈을 돌려 보겠습니다. 우리는 우리의 행동에 대해 서로 책임을 묻고, 그 결과 다른 어떤 종과도 견줄 수 없는 방식으로 세계를 이해합니다. 우리가 살아가는 세계는 동물이 서식하는 환경과 다르게 권리, 귀책, 의무 같은 것들을 포함하고 있지요.

우리의 세계는 스스로를 인식하는 주체들로 이루어진 세계이며 그 속의 행위는 자유로운 것과 그렇지 않은 것으로 나뉘고, 주체는 이성을 지니고 있거나 그저 외부의 원인에 따라 움직이거나 이성적 주체로부터 갈라져 나왔거나 의도적인 설계 없이 객체들의 흐름 속에서 돌출하여 나타난 존재일 것입니다.•

이와 같은 방식으로 세계를 이해하는 우리는 다른 동물들도 할 줄 아는 분노, 원한, 질투 같은 감정 표출을 넘어서 존경, 헌신, 찬양 등의 감정으로 세계에 대응하게 되는데, 이런 감정들

• 여기서 스크루턴은 계몽주의와 합리주의가 전제하는 주체, 강한 인과론적 관점에서 도출되는 자유의지가 없는 주체, 신학적 관점에서 바라보는 신으로부터 이성적 능력을 부여받은 피조물로서의 인간 주체, 진화론에서 이야기하는 우연의 산물인 인간 주체를 차례대로 거론하고 있다.

은 모두 타인을 책임질 수 있는 주체로, 권리를 지니고 의무를 지며 자신의 미래와 과거에 대해 스스로 인식하는 존재로 여기는 사고방식과 관련이 있습니다.

오직 책임 있는 존재만이 이러한 감정을 느낄 수 있고, 그러한 감정을 느낌으로써 스스로를 자연적 질서 바깥에 위치시켜 자연의 질서에서 한 걸음 물러나 그것을 판단할 수 있게 되는 것이지요. 플라톤부터 사르트르까지 철학자들은 인간 조건의 이러한 독특한 특징을 설명하고자 시도해 왔고 근본적으로 다른 입장을 취해왔습니다. 하지만 과학적 설명보다는 철학적 설명을 구해야 한다는 점에는 거의 모두가 동의했습니다.

이러한 주장에 대해 반론으로 제시될 수 있을 흥미로운 역사적 사례가 한 명 있으니, 바로 니체입니다.《도덕의 계보》에서 니체는 책임의 기원에 대해 설명하는데, 이는 최근 유전학자들이 도덕적 삶을 유전자에 이익이 되는 진화 전략으로 바라보고 설명하는 방식과 흡사합니다.

니체는 원시 인간 사회가 이른바 "포식자beasts of prey"에 의해 거의 노예 상태에 빠져 있었다고 봅니다. 말하자면 힘세고 자기 확신에 차 있으며 건강한 이기주의자들이 본성의 힘을 이용해 본인들의 욕망을 타인에게 강요해 왔다는 것입니다. 지배 계급은 노예들 틈에서 벌어지는 모든 일탈을 처벌함으로써 자신들의 지위를 유지해 왔지요. 마치 우리가 말 안 듣는 말을 혼내듯이 말입니다.

너무도 아둔하며 저항할 용기도 없는 노예들은 그런 처벌을 일종의 응보라고 받아들이게 됩니다. 복수를 감행하지 못하는 노예들의 원한은 스스로를 향해 확장되고, 본인들이 처한 상황이 그들의 내적 타락에 상응하는 것인 양, 당해도 싼 일인 것처럼 생각하게 되는 것이지요. 이렇게 죄책감과 죄라는 관념이 탄생합니다. 이런 노예의 감정을 '르상티망ressentiment'이라고 하며, 니체는 기독교의 신학과 도덕적 관념 전체에 대한 설명을 르상티망으로부터 이끌어 냅니다.

니체의 계보학에 따르면 주인 계급은 노예들의 복종을 통해 유익을 얻습니다. 이 전제는 사회적 전략에 대한 생물학적, 혹은 유전학적 설명의 원시적 형태로 볼 수 있을 만한 것이죠. 주인 계급은 처벌을 통해 통치하며 그들의 지위를 지킵니다. 노예 계급은 죄의식, 비난, 타락, 정의 같은 위험한 관념으로 그러한 처벌을 내면화하죠.

그런데 노예가 처벌을 그토록 고도의 도덕적 관점에서 이해해야 할 이유가 대체 무엇인가요? 왜 처벌의 내면화가 **공포** 대신 **죄책감**으로 이어져야 합니까? 말은 채찍을 보면 확실히 공포를 느끼죠. 하지만 맞을 짓을 하는 말이 죄책감을 느끼던가요? 폭력이 사용될 때, 그것을 폭력 행사자의 필요에 따를 뿐인 무언가로 보는 대신 **처벌**로 보아야 할 이유가 대체 무엇인가요? 다 떠나서, 누군가의 목적을 이루기 위한 수단으로 가해지는 고통과 처벌로서 가해지는 고통의 차이점은 무엇일까요? 물론 그 차이는 행위자가 어떤 생각을 하고 있느냐에 달려 있습니다. 사육사는 그가 가하는 고통이 **필요하다**고 생각할 겁니다. 처벌을 가하는 자는 그 고통이 **적합하다**고 보겠죠. 처벌이 적합하다면 그럴 만한 이유가 있어서이고, 처벌이 그럴 만하다면 그건 올바르고 정확하게 가해진 처벌입니다.

요약하자면 처벌은 도덕적 개념입니다. 그 포장을 뜯어보면 정의, 응보, 책임 같은 개념들이 나타나는데, 이는 니체가 설명하고자 한 바로 그 개념들입니다. 니체의 도덕의 계보학이란 현상을 설명할 때 나열하지 않았던 원인들을 거꾸로 읽는 것에 지나지 않습니다. 달리 말하자면, 그건 애초에 계보학도 아니고 그저 태초의 어떤 인간 조건을 어떻게 상상한들 우리는 그들을 "우리 같은 피조물"로, 울고 웃으며 칭찬하고 비난하며 보상을 주고 처벌하는, 요컨대 스스로의 행동에 대해 책임을 지는 그런 존재로 보고 있다는 것을 새삼 깨달은 것에 불과합니다.[37]

비록 생물학적 사고에 쏠려 있는 이들에게 종종 무시되거나 간과당하지만, 평범한 사람들의 관점에서는 중심적인 위치를 차지하는 인간 조건에 대한 또 다른 근본적 진실도 있습니다. 가령 우리는 의무와 권리를 규율하는 법을 통해 공동체 생활을 영위하는 인격체라는 점이 그렇습니다. 아퀴나스가 특히 그렇지만 로크와 칸트 역시 우리가 속한 부류의 진정한 이름은 "인간human being"이 아니라 "인격person"이라 주장합니다. 그리고 여기서 로크가 제시한 여전히 논란이 되는 형이상학적 질문인 인격적 정체성personal identity이 등장하죠.

질이라는 동일한 사람을 두고 "같은 인격체"라고 하는 것과 "같은 인간"이라 하는 것에 어떤 차이가 있을까요? 개인으로서 새롭게 정체성을 갖게 된 질에 대해 근본적으로 접근하고자 한다면 어떤 식으로 규정해야 할까요? 제가 이 질문을 던지는 건 어떤 답을 제시하기 위해서가 아니라, 질을 어떤 생물학적 과정으로 환원하다 보면 맞닥뜨리게 되는 설명의 어려움을 강조하기 위해서입니다.[38] 어떤 생물학적 과정과 조건을 거쳐야 '질이라는 인격체'를 다시 만들어 낼 수 있을까요?

또한 그저 의식을 지니고 있을 뿐인 피조물과 **자기** 인식을 지닌 우리 같은 피조물 사이에는 간극이 있습니다. 오직 후자만이 진정한 의미에서 "1인칭" 관점을 지니며, 그러한 관점을 통해 **나에게** 세상이 보이는 방식과 **남에게** 세상이 보이는 방식이 다르다는 것을 구분하죠. "나"를 생각하는 피조물은 같은 부류에 속하는 다른 이들을 단순한 자연적 존재와는 구분해서 바라보는데, (칸트, 피히테, 그리고 어느 정도는 헤겔까지) 많은 사상가들은 의식 그 자체가 아니라 자기 의식이야말로 인간 존재의 신비의 핵심을 창출하고 드러내는 요소라 보았습니다. 개들도 의식이 있지만 우리처럼 스스로의 의식을 반성적으로 고찰하지 않죠. 개들은 쇼펜하우어의 말마따나 "지각의 세계"에 살며, 지각 가능한 외부 세계 속의 것을 생각하고 욕망할 따름입니다.

지금까지 저는 우리의 정신적 삶에 대한 생생한 설명을 구성하기 위해 모든 것을 설명할 수 있는 듯 구는 생물학에 귀를 기울이고픈 충동에 우리가 종종 사로잡히게 되는 과정을 그려 내 보았습니다. 인간 본성에 대한 설득력 있는 이론을 목표로 삼는다면 일단 그 모든 유혹에 단호히 맞서야 합니다. 또한 우리는 지금껏 확립해 둔 생물종의 법칙, 즉 유전학의 법칙 및 유전적 성격의 기능적 발현에 대한 이론들이 우리의 일상적 행동을 기술하거나 설명하기에 충분치 않다는 것을 인정할 준비가 되어 있어야 합니다.

우리는 그런 이론에서 전제하고 있는 그런 존재가 아니라는 바로 그 이유 때문에, 그런 이론으로는 목적을 이룰 수 없습니다. 우리는 분명 동물입니다. 하지만 동시에 우리는 육화된 인격체로서 동물과는 다른 차원의 인지적 능력을 지니며, 전적으로 구분되는 정서적 생활을 합니다. 상호 의존적인 자기 인식에 기반한 사고 과정은 우리들에게 고유한 것입니다.

육체에서 '창발'하는
고유한 인격의 세계

여기서 우리는 인간이라는 동물과 인격의 관계라는 문제로 돌아가게 됩니다. 제가 보기에 이 문제는 생물학의 문제가 아니라 철학의 문제입니다.

제가 드릴 수 있는 건 아리스토텔레스가 영혼을 육체의 형상으로 묘사할 때 의도했던 것, 그리고 아퀴나스가 육체로 인해 우리가 나누어진다고 하면서도 '개별화되는 것'은 육체가 아니라 인격이라고 주장할 때 의도했던 바와 어느 정도 유사한, 그런 잠정적인 제안일 뿐입니다.[39] 저는 우리가 인격을 인간 속에 내재되어 있는, 그러나 생물학적으로 탐색할 수 있는 영역 바깥의 질서를 따라 이해해야 하는 일종의 창발적 개체 emergent entity로 보고 있다고 생각합니다.

도움이 될지 모를 비유를 하나 해보겠습니다. 캔버스에 그림을 그리는 화가는 순전히 물리적 수단을 통해 물리적 대상을 만들어 내죠. 그림의 면과 선을 이루는 모든 요소들, 그래서 우리가 감상의 대상으로 삼게 되는 그것은 논의의 편의를 위해 말하자면 2차원적입니다. 우리는 그림의 표면에서 그것을 이루는 선, 면, 그것을 담고 있는 화폭을 바라봅니다.

하지만 그게 우리가 바라보는 전부는 아니죠. 우리는 또한,

말하자면 웃음기 어린 눈으로 우리를 바라보는 얼굴을 봅니다. 그 얼굴은 어떤 면에서 볼 때 캔버스에, 물감으로 만들어 낸 흔적 위에 있습니다. 물감만 보면서 얼굴을 안 볼 수도 있고, 그 반대도 가능하지요. 그런데 얼굴은 분명 거기 있습니다. 얼굴을 안 보는 사람은 그림을 제대로 보고 있다고 할 수 없겠죠.

반대로 말해, 지각 있는 사람이라면 얼굴이 캔버스 위 물감의 흔적에 귀속되는 것이 아니라고 해야 할 겁니다. 선과 면과 점이 그림 위에 있듯 얼굴도 거기 있는 겁니다. 얼굴을 창출해 내기 위해 그림 위에 뭔가 더해져야 할 것은 아무것도 없으며, 아무것도 더할 필요가 없다는 건 얼굴 역시 그림이라는 물리적 대상 위에 추가된 무언가가 아니라는 뜻입니다.

또한 그림 위의 물감을 바로 이런 형태로 만들어 낸 이러저러한 창작의 과정은, 심지어 화가가 그 얼굴을 깨닫지 못하고 있을 때에도, 바로 이 얼굴을 만들어 내고 있었던 것입니다(〈모나리자〉를 만들어 내는 기계가 있다고 상상해 보면 이해가 되실 겁니다).

어쩌면 인간성personhood이란 바로 이런 식으로 유기체로부터 "창발하는" 특징일지도 모릅니다. 우리가 관찰할 수 있는 생명 활동과 행태 위에 덧붙여진 것도 아니고, 그렇다고 생물학적으로 환원될 수 있는 것도 아닌 무언가라는 것이죠. 인간성은 유기체를 새로운 방식으로 인격적 관계에 따라 연관 지을 수 있을 때 창발합니다. (이는 마치 우리가 그림을 단순히 안료가 발라져 있는 무언가로만 볼 수 없게 될 때 비로소 회화적 형상을 어떤 의미로 연관 지을 수 있게 되는 것과 마찬가지입니다.)

이러한 새로운 방식의 관계는 "왜"라는 질문 앞에서 원인이 아니라 이유와 의미를 찾는 새로운 방식의 설명을 이끌어 냅니다. 인격을 지닌 우리는 대화 속에 존재합니다. 우리는 남들의 행동을 우리의 눈높이에서 납득하고자 하며, 우리도 남들이 납득할 수 있도록 행동해야 하죠. 이러한 대화의 중심에는 자유, 선택, 책임 등의 개념이 자리 잡고 있으며 동물의 행태를 묘사할 때에는 그런 개념이 아무 쓸모가 없습니다. 이는 마치 어떤 그림 속에 사람처럼 보이는 형상이 담겨 있다 해도, 그림의 물리적 측면을 기술할 때에는 인간에 대한 개념을 적용할 수 없는 것과 마찬가지입니다.

인격과 육체의 관계를 그려보는 데 도움이 되는 또 다른 사유를 살펴봅시다. 칸트가 가장 먼저 단초를 제공했고 이후 피히테, 헤겔, 쇼펜하우어가 방점을 찍었으며 하이데거, 사르트르, 토머스 네이글Thomas Nagel에 이르기까지 모든 사상가들이 강조한 사고방식입니다. 세계를 바라보는 어떤 관점을 지닌, 자기 의식하는 존재로서의 '나'에 대한 사유라 하겠습니다.

세계는 나에게 **이러저러해 보이는데**, 여기서 "이러저러해 보인다"는 것이 나의 고유한 관점을 규정합니다. 자기 의식하는 존재는 모두 어떤 관점을 지니고 있고, 그것은 곧 의식의 주체라는 말과도 같습니다. 반면 세계에 대한 과학적 설명을 제시할 때 나는 객체에 대해서만 서술하게 되죠. 사물이 어떻게 있는지 그리고 사물을 지배하는 인과 법칙이 어떠한지만을 다룹니다. 그러한 설명에는 특정한 관점이 들어갈 여지가 없지요.

사물에 대한 서술에는 **여기, 지금, 나** 같은 단어가 포함되지 않습니다. 사물이 이러저러하다는 설명을 제공하지만, 그것은 사물이 어떠하다는 이론의 제시를 통해 이루어집니다. 짧게 말하자면 주체란 원칙적으로 과학의 관찰 대상이 아닌데, 그건 주체가 완전히 다른 영혼의 세계에 속해서가 아니라 경험 세계의 일부가 아니기 때문입니다. 주체는 마치 수평선이나 지평선처럼 사물의 경계선에 있으며, "저 반대편"으로부터, 즉 주체성 그 자체로부터 파악하는 것은 절대 불가능하죠.

그렇다면 그것은 현실 세계에 현실로서 존재하는 일부분일까요? 이것은 분명히 자기 지시self-reference와 불분명한 대명사에서 초래된 깊은 문법적 오류를 담고 있는, 잘못 표현된 질문입니다. 제가 저 스스로를 지시하는 것은 관찰 가능한 로저 스크루턴의 외피 속에 담긴 어떤 **객체**를 가리키는 게 아닙니다. 자기 지시는 데카르트적 자아를 지시하는 게 아니라 나 자신, 그러니까 주체로서의 관점을 지닌 그 무언가를 가리키는 것이죠.

우리에게는 "자아self"에 별개의 지시 가능 대상이라는 지위를 굳혀줄 권리가 없습니다. 또한 비트겐슈타인의 강력한 사적 언어 논증으로 인해 우리는 우리의 정신적 상태가 실제로 본질적으로 공적 접근이 불가능하다는 주장 역시 받아들일 수가 없지요.●40 그럼에도 불구하고 자기 참고는 사람들이 서로 관계 맺는 방식에 근본적인 영향을 줍니다. 일단 자리를 잡아버린 자기 귀인self-attribution과 자기 참고는 우리가 생각하고, 의도하고, 존재하는 최우선 경로가 되어버리죠.

그런 기능 덕분에 우리는 서로 단순한 객체가 아니라 주체로서 상호 관계를 맺게 됩니다. 니체가 유사과학적 계보학으로 규명하고자 했던 책임, 귀속, 죄책감, 찬사, 비난 개념의 핵심에 자리 잡고 있는 건 사실 그런 것이죠. 그러한 방식으로 질과 관계를 맺을 때 나는 그와 얼굴을 맞대고 바라봅니다. 마치 캔버스에 칠해진 물감에서 얼굴이 창발하듯, 그의 육체적 현실로부터 인격이라는 본질적 존재가 "창발"하는 것입니다.

● 누군가 마음속으로 자신만의 언어를 만들었다고 가정해 보자. 그는 누구에게도 그 사실을 밝히지 않은 채, 가령 '사과'는 '딸기'로, '딸기'는 '복숭아'로, '낙타'는 '사자'로, '사자'는 '어린아이'로 부르며 본인 혼자만의 체계를 구축하여 생각하고 있다. 이 경우 그의 언어, 이른바 '사적 언어'는 존재하는가? 만약 그가 철두철미하게 본인의 사적 언어를 감추고 있으며, 그 어떤 기록도 남기지 않고 다른 사람과 소통할 때는 '평범한' 언어를 무리 없이 구사하고 있다면 그의 사적 언어는 어떤 식으로건 확인될 수 없으며, 따라서 '존재'하지 않는 것과 다를 바 없다. 비트겐슈타인은 이렇게 요약될 수 있는 '사적 언어 논증Private Language Argument'을 통해, 스크루턴이 언급했듯 '그 어떤 경우에도 외부로부터 접근할 수 없는 내적·정신적 상태'라는 근대 철학의 핵심 개념 중 하나를 허물어뜨렸다고 평가받는다.

지향성,
인간을 이해하는 단초

데닛은 여러 책과 논문을 통해 인간이 지향계intentional system라고 주장해 왔습니다. 체계적으로 연결되어 있는 지향적 상태를 드러내는 유기체라는 것이지요.[41] 세계를 표상하며 그것을 변화시키고자 하는 "명제 태도propositional attitude"를 포함함으로써 지향계의 행태는 예측 가능해집니다.• 모든 지향계가 인간인 것은 아닙니다. 몇몇 동물도 지향적 상태를 드러냅니다. 어쩌면 컴퓨터마저도, 튜링이 예측한 바처럼 점점 더 정교해진다면 지향적 상태를 드러낼 수 있을 것입니다.

데닛의 입장은 퍽 관대합니다. 뭐가 됐건 우리가 그 행태를 예측할 수 있게끔 해주는 것이라면 지향계에 속한다고 받아들여 주는데, 그래서 심지어 데닛의 관점에서는 온도계마저도 지향계에 속합니다.[42] 이런 태도를 취하는 데닛은 지향성의 "계보학"을 만들고자 하는 것입니다. 일상적인 물리적 세계에 속하며 전혀 신비로울 것 없는 단순한 피드백 메커니즘으로부터

• 우리는 사과를 먹고 싶을 때 본인의 욕구와 지향을 '나는 사과를 먹고 싶다'와 같은 식으로 기술할 수 있다. 여기서 '나는 사과를 먹고 싶다' 문장이 바로 명제 태도에 해당한다. 언어를 사용할 줄 모르는 지향계, 가령 개에 대해서도 '저 개도 사과를 먹고 싶어 한다'처럼 명제 태도를 통한 기술이 가능하다.

"겨냥aboutness"으로 향하는 길을 건설하겠다는 것이죠.

하지만 데닛의 뒤를 따를 필요는 없을 겁니다. 지향의 계보학이 어찌 됐건 우리는 지향적 상태로부터 비롯하며, 그것을 표현하는 행태와 그렇지 않은 행태 사이의 차이를 반드시 인식해야 합니다.

브렌타노의 본래 통찰은 지향적 상태가 지시하는 대상이나 생각이 잘못될 수도 있다는 함의를 품고 있었고, 이는 후대의 철학에 계승되었습니다.[43] 그러한 지향적 상태는 지시의 실패 가능성이 있는 경우에만 귀속된다고 말할 수도 있습니다. 동물은 믿음과 욕망을 통해 지향성을 드러내지요. 심지어 마치 침입자가 있건 없건 침입자를 **향해** 짖는 개처럼, 어떤 목표를 향해 그것을 "머릿속에 그리면서" 일종의 비명제적 지향nonpropositional intentionality을 드러낼 수도 있습니다.

우리가 생물학적 기관으로서 지향계라는 기능을 지닌다는 것은 분명한 사실입니다. 우리 두뇌의 역할은 자극과 반응을 중계하는 것에만 머물지 않는다는 것, 두뇌는 우리가 세계를 지각하고 사유할 수 있게 해주는 기관이며, 때로는 세계를 잘못 인식하게 만드는 기관이기도 합니다.

인격과 자기 의식의 창발에 대해 언급할 때 인간 조건의 유사한 기능만을 이야기하는 것은 아닙니다. 저는 마치 데닛이 지적한 바와 같이, 다른 동물이 드러내는지 여부는 불확실할

뿐이며 컴퓨터가 결코 시뮬레이션할 수는 없는, 그런 더 높은 층위의 지향성을 거론하는 것입니다.[44]

개의 눈에 주인은 눈을 마주칠 수 있는 살아 있는 존재이지만, 개가 주인을 주체로서 마주할 수 있는 "의식의 주체"로 생각할 여지는 없습니다. 반면 인간은 서로와 다른 동물에게 반응을 보일 때 상대를 지향계로 여기죠. 데닛이 여러 책과 에세이에서 강조했다시피 세계 속의 대상들이 어떻게 다른지, 그것이 다른 관찰자에게 어떻게 보일지 구분하며 "지향적 태도 intentional stance"를 취한다는 점에서 그렇습니다.[45]

그런데 일단 지향적 태도의 존재를 인정하고 나면 우리는 다른 피조물의 행태를 보며 명제 태도를 떠올리고 그것을 통해 해석하게 되는데, 그러면 우리는 (보다 높은 개념적 복잡성으로 인해) 더 높은 층위의 지향성을 인식하지 않을 수 없게 됩니다. 우리는 개를 믿음과 욕망을 지닌 피조물로 대하죠. 우리는 다른 사람들을 대할 때 그들이 자신과 타인, 따라서 우리에게도 믿음과 욕망이 **부여되어** 있으리라고 생각하는 피조물일 것이라 여깁니다.

다른 이들이 우리를 향해 이러한 관점을 취한다는 점을 인식하면서, 우리는 그 각각이 스스로의 생각과 행동을 알리는 고유한 관점을 지닌 의식을 갖춘 책임 있는 주체로서, 우리의 생각과 행동에 책임을 지게 됩니다. 인격적 관점이 유기체의 기능으로 "창발하는" 이 과정을 묘사함에 있어서 저는 유기체의 자연적 속성에 대해서는 그 어떤 이론도 제시하지 않았습니다. 이는 우리가 보게 되는 물리적 흔적으로부터 그림이 창발하는 과정에 대해 제가 이야기했던 것과 같죠.

여기서 제가 말하는 건 그보다는 어떤 복잡성에 대한 것입니다. 진화생물학이 묘사하고 있는 것과는 다른 세계가 있음을 제시하고, 그 속에서 다른 이들과 우리 자신을 맞닥뜨리는 방식을 이해하는 다른 길을 제시하였습니다. 진화생물학이 아닌 방식으로 이해되는 다른 세계란 우리가 살고 있는 세계, 상호 인격적 태도interpersonal attitude로 이루어진 곳, 후설의 용어를 빌자면 **생활세계**Lebenswelt라 하겠습니다.[46]

인격은 결코 유물론자의
손아귀에 붙잡히지 않는다

강경한 환원론자들이라면 아마 이런 식으로 반박할지도 모르겠습니다. 창발하는 속성이란 우리가 인식하는 물리적 속성 "위에 상위의 것으로" 존재하는 무언가가 아니라는 거죠. 예컨대 그림의 양상aspect이란 형태와 색상이 캔버스 위에 자리를 잡는 순간 자동적으로 창발되며, 동일한 형태와 색상을 지니는 물건이라면 뭐가 됐건 같은 양상을 지니게 된다고 말입니다. 그러한 양상은 우리의 눈에 보이는 색과 물감 외에 그 어떤 실체도 지니지 않는 "순수한 인상"에 지나지 않는다는 겁니다.

인격의 경우도 마찬가지로, 인격의 모든 기능은 다른 요소가 투입될 필요 없이 몸의 생물학적 작용에서 비롯하므로, 우리가 인식하는 생물학적 유기체의 작용을 뛰어넘는 상위의 무언가는 없다는 논리입니다.

사실 이런 반응은 우리의 논의와 무관한 것입니다. 이런 식의 논증을 보았다면 헤겔은 어쩌면 "양질전환"을 외쳤을지 모르겠습니다. 캔버스에 칠해진 색이 점점 늘어나다가 어느 시점이 되면 인간의 얼굴을 창출한다는 것이죠. 또한 우리는 비트겐슈타인이 "양상의 여명the dawning of an aspect"이라 묘사하는 바를 경험합니다.●47 이 지점부터 달라지는 것은 우리가 그림을 바라보는 방식만이 아닙니다. 우리가 본 것에 대해 반응하는 방식조차 달라지죠. 그 전에는 적합하다고 여기지 않았던 캔버스 위 색상의 구성이 왜 그렇게 되었는지 이유를 찾아냅니다. 그리고 우리는 그림을 이해하는 사람과 이해하지 못하는 사람을 구분 짓죠.

그림은 캔버스에 칠해진 색깔의 조합에 부합하는 이해와 설명이 아닌 또 다른 차원의 이해와 또 다른 차원의 설명 속에, 즉 **다른 맥락**에 속하게 됩니다. 이런 일은 유기체의 경우에도 벌어지는 일입니다. 뭐가 됐건 작은 점진적인 변화로 인해 동물과 인간의 간극을 넘어서거나 자유로운 자기 인식이라는 양상의 여명이 밝아올 때라면 그렇습니다. 이제 그 모든 형태는 밝아오는 빛 아래 새롭게 조명되지요. 인격적 책임의 그물망을 형성하는 개념을 통해 새롭게 이해할 수 있을 뿐 아니라 이해해야만 합니다.

저는 인격이 창발적 성격을 지닌다는 입장을 취하고 논지를 전개해 왔습니다. 그런데 이에 대한 흥미로운 반응이 하나 있

● 《철학적 탐구》의 한국어판(이영철 옮김, 책세상)은 "the dawning of aspect"를 "상의 인식"이라 번역하고 있다. 어떤 형태에서 상을 인식하고 나면 그 이전으로 돌아갈 수 없게 되는 인식론적 단절을 잘 전달하는 번역이나, 스크루턴은 "dawning"이라는 어휘 선택이 갖는 심상을 이후의 논의에서도 활용하고 있다. 그러므로 여기서는 해당 용어를 '양상의 여명'으로 옮겼다.

네요. 폴 처칠랜드Paul Churchland가 "제거적 유물론eliminative materialism" 을 옹호하며 제시한 관점이 그것이죠.[48] 명제 태도가 주된 역할 을 수행하는 이른바 "통속 심리학folk psychology"의 경우,● 처칠랜 드는 통속 심리학은 결국 인간 행태를 설명하기 위한 진지한 **이론** 중 하나이지만 결국 틀렸다는 것이 드러난다고 봅니다. 다 떠나서 통속 심리학에는 기억의 재생도, 이미지의 형성도, 시 각과 운동의 협응도, 수면 및 정신의 핵심적인 수많은 요소들 도 설명되어 있지 않으니 통속 심리학은 인간 정신의 작은 부 분만을 설명할 뿐이라는 것이죠.

통속 심리학이 설명하지 않는 부분까지 다루면서 우리가 지 닌 평범한 정신적 개념들의 설명력에 견줄 수 있거나 그것을 능가하는 이론이 등장한다면, 그런 이론은 마치 뉴턴의 고전물 리학을 상대성 이론이 대체했듯 통속 심리학을 대체할 수 있을

● 통속 심리학은 우리의 일상 언어 속에서 심리 상태를 기술하는 데 쓰이는 모든 표현 과 추론, 사고방식 등을 통칭하는 표현이다. '나는 어린 시절에 먹고 체한 경험 때문에 참외를 먹지 않는다'는 명제를 생각해 보자. 발화자가 성인이 된 후에도 참외를 먹지 않는 것에는 여러 이유가 있을 수 있다. 신경과학이 충분히 발달한다면 그가 참외를 먹지 않는 이유나 먹고 나서 보이는 신체 반응 등을 모두 자연과학의 언어로 기술하 는 것이 불가능하지 않을 것이다. 하지만 우리는 심지어 과학자라 해도 자신과 타인 의 내면을 설명할 때 통속 심리학을 이용한다. 정확히 말하자면 다른 방법은 존재하 지 않는(것처럼 보인)다. 처칠랜드의 입장은 통속 심리학의 영역과 역할을 '존중'하면 서도 과학주의의 최종적 승리를 예측하는 절충주의라 할 수 있고, 스크루턴은 처칠랜 드의 입장에 대해서도 비판적이다.

지도 모릅니다. 마치 여전히 일상적으로는 뉴턴 물리학을 사용하듯 단순하고 편리하다는 장점이 있으니 통속 심리학을 모두 폐기할 필요까지는 없을 수도 있겠지요. 하지만 여전히 사용된다 해서 뒤떨어진 이론의 존재론적 전제가 더는 유효하지 않다는 사실을 뒤바꿀 수는 없습니다.

두뇌는 정보를 처리하고 운반하는 능력을 갖고 있지요. 하지만 우리의 행태에 대한 진정한 이론은 믿음, 욕망, 지각, 인식에 대한 언급 없이 성립할 수도 있을 것입니다. 처칠랜드는 우리가 이런 결론에 도달할지 모른다고 생각할 만한 이유를 제시하는데, 실은 인지과학이 바로 이런 방향으로 향하고 있습니다. 통속 심리학은 어쩌면 순수한 '입버릇façon de parler' 정도로 남을지 모를 일입니다.

제가 볼 때 심리학이 처칠랜드의 예상대로 발전한다 해도, 그것은 명제 태도로 이루어진 우리의 세계를 걷어내지 못할 것입니다. 이는 마치 물감의 구성 등에 대한 물리학적 이론이 그림의 이미지로 이루어진 우리의 세계관을 걷어내지 못하는 것과 마찬가지라 하겠습니다.

가령 질이 내게 동정심을 표하고 있다고 해봅시다. 그리고 질의 동기에 대한 진정한 이론은 그의 두뇌에서 벌어지는 신경 작용 및 그에 따른 근육의 활동만을 언급하고 있다고 해보죠. 제가 감정적으로 반응하는 대상은 질의 두뇌 속 신경 작용이 아닙니다. 두뇌와 신경은 제가 질을 향해 보여주는 감정적 반응의 목적일 수가 없고, 잘해봐야 과학적 호기심의 대상일 뿐이겠지요.

내가 질에게 내보이는 고유한 반응의 지향적 목적은, 질의 행동에 대해 **느끼고, 생각하고, 의도하는** 것들은 통속 심리학의 용어로 기술될 수밖에 없는 것입니다. 질의 행동이 내게 불러일으키는 감정 **그대로 기술될** 수밖에 없다는 것이죠. 이것은 질의 입장에서도 마찬가지로, 그가 반응하는 대상은 [통속 심리학으로] **기술되는 그대로일 수밖에** 없습니다.

여기서 나와 질의 관계를 관찰하는 제3자가 있다고 해봅시다. 그의 관점에서라면 나와 질의 감정과 행동을 명제 태도가 아닌 신경생리학의 용어를 통해 더 잘 설명할 수 있을지도 모르겠습니다. 하지만 우리 자신이 제3자의 위치에 있지는 않잖습니까. 저는 제 자신의 동기를 이해하는 방식 그대로 질의 동기를 이해하고, 저 자신의 동기란 제 의식 속에서 통속 심리학의 용어를 통해 이해될 수밖에 없죠. 제가 질과 맺는 관계의 유형은 우리가 자신과 다른 이의 행동을 인격적 관점에서 개념화한다는 전제 위에 성립하는 것입니다.

어쩌면 신경생리학이 우리가 개념화하는 방식에 대해 완전한 이론을 제공해 줄지도 모르겠지만, 그런 이론은 우리가 행동을 바꿀 때 발생하는 효과에 대해서만 적용 가능할 뿐이며,

따라서 **우리**가 서로를 이해하고 반응하는 맥락 속에서는 완전히 무용합니다. 우리가 인격적 관계를 기술함에 있어서 기술하고자 하는 것은 **오직** 인격적 상호 작용의 표면에서만 드러나는 것입니다.

인격이란 마치 그림이 안료에 대한 이론에서 벗어나듯 생물학의 손아귀에서 보란듯이 빠져나와 버립니다. 인격은 생물학적인 것에 **부가되어 있는** 무언가가 아닙니다. 마치 캔버스 위에 배치된 색깔로부터 얼굴이 창발하는 것과 같이, 생물학적인 **것으로부터** 창발하는 것입니다.

인간과 동물의 넘어설 수 없는 간극,
주체성

인간의 본성에 대한 고찰에서 인격을 소거해 버릴 수 없는 더 흥미로운 이유가 있습니다. 인격의 개념과 주체의 개념이 서로 얽혀 있다는 것이죠. 상대를 향한 나의 반응은 상대가, 마치 내가 그렇듯 스스로를 1인칭의 인격체로 여기고 있다는 것을 전제하고 있습니다. 어떤 행위에 대해 이유를 대고, 받아들이고, 비판하는 관습은 그러한 이유의 원인은 자기 자신으로 본다는 걸 전제로 하며, 일반적으로 우리의 모든 상호인격적 반응은 다른 이들의 믿음, 태도, 이성, 감정 등의 원인이 그들 자신이라는 전제 위에 성립하는 것입니다.

내가 상대에게 원한을 느끼는 건 상대가 의도적으로 나를 해치려 했기 때문이고, 이는 상대가 의식적으로 스스로에게 그러한 의도를 부여했다는 말과도 같은 것이지요. 나는 **너**를 고발하며 원한을 표출하는데, 이는 내가 "나"로서 너의 자백이나 용서를 구한다는 의미입니다. 이러한 고발의 상황 속에서 스스로를 3인칭으로 호명하는 자는 제정신이 아니거나 책임을 회피하려 드는 사람입니다.

마치 내가 나를 대하듯 우리가 서로 관계를 맺는다면 우리의 자기 귀인은 반드시 1인칭 사고방식의 논리를 따라야만 할 것입니다. 만약 우리가 진정 스스로를 "그"나 "그녀"가 아닌 "나"라는 정체성에 따라 인식한다면, 우리는 그 어떤 근거도 없이 자신의 지향적 상태를 즉시 알아채고 서술하는 1인칭 특권 first-person privilege을 누릴 것입니다.• 그런데 이러한 1인칭 특권은 통속 심리학의 논리에 갇혀 있는 것이지요. 누군가 자신의 의도를 곧장 알 수 있고 거기에는 아무런 근거가 필요 없다는 것은 지향이라는 개념이 지닌 특질 중 하나입니다.

이 특질은 뇌과학을 통해 전개된 개념 중 그 무엇에도 빚지고 있지 않습니다. 그러니 뇌과학은 1인칭의 의식을 다룸에 있어서 통속 심리학을 대체할 수 없는데, 1인칭의 의식이 없다면 그러한 의식은 자아에 대한 진정한 의식일 수가 없습니다. 그러니 자기 인식의 대체 불가능한 기능을 수행하는 상호인격적 관계에 있어서 뇌과학이 할 일은 없다는 결론이 뒤따르게 되죠. 뇌과학이 통속 심리학을 대체해 버린다면 상호인격적 관계

• '나는 산책을 하고 싶다'는 명제를 떠올려 보자. 이러한 명제를 입 밖으로 꺼내지 않는한, 타인은 내가 산책을 가고 싶은지 아닌지 '정확하게' 알 수 없다. 이렇듯 나의 내면은 나만이 독점적으로 접근할 수 있고, 그 진위의 판단 역시 전적으로 나에게 달려 있다는 설명이 가능한데, 이것을 심리철학에서 1인칭 특권이라고 부른다. 어떤 개가 산책을 가고 싶어 한다면 개의 주인은 그 모습을 보고 개의 내면을 파악할 것이다. 즉 개에게는 의도와 지향이 있으되 1인칭 특권은 없다(적어도 우리는 자신에게 1인칭 특권이 있다고 주장하는 개를 만날 수 없다). 이렇듯 1인칭 특권은 인격과 내면을 지닌 인간의 특징이자 특권이라는 주장이 가능하다.

로 구성된 세계는 몽땅 엉망이 되어버리고 맙니다.

인격이라는 개념, 그와 함께하고 있는 1인칭의 인식은 **현상**의 일부이며 그 현상을 설명하고자 하는 과학은 그것을 제거해 버릴 수도 없는 것이죠. 인격이란 지금껏 제가 묘사해 왔듯 적응 형질adaptive trait•이며, 진화의 과정에 문화적 요소가 투입된다고 주장하는 모든 연구들은 이러한 진실을 인식하고 있는 것으로 보입니다.[49] 인격을 지닌 피조물은 타인에게 도움을 요청하고 협력하는 방법, 타인에게 영향을 미치는 방법, 남으로부터 배우고 다른 사람을 가르치는 방법 등을 지니고 있으며, 그로 인해 적응성을 극대화하여 외부 환경의 변화에 맞서고 내적 목표를 수립해 나가게 됩니다.

만약 어떤 유전자 조합이 점진적인 과정을 거쳐 결국에는 인격으로 향하는 "양에서 질로의 변화"를 만들어 낼 수 있다면 그 유전자는 진화라는 게임에서 막대한 점수를 냈다고 볼 수 있겠죠. 그렇게 밝아온 세계 속에서 이성적 행위자는, 가령 나름의 설득력 있는 이유를 갖고 친구, 가족, 자손을 위해 싸우는 갑옷 입은 기사처럼 그 나름의 싸움을 하게 됩니다. 기사는 이타주의, 용서, 덕의 추구를 이끌어 내기 위해 고안된 유전자의 전략에 의존할 필요가 없습니다. 칸트의 주장대로라면 그러한

• 자연환경에서 생존하고 번식할 수 있도록 해주는 형질

선한 목적을 향한 동기는 자기 인식 그 자체에 내장되어 있을 테니까요.[50]

촘스키와 조너선 베넷Joanthan Bennett은 언어의 사용을, 해리 프랑크푸르트Harry Frankfurt는 2차적 욕구를, 폴 그라이스Paul Grice는 2차적 의도second-order intention를, C. S. 루이스C. S. Lewis는 개심改心, convention을, 칸트와 사르트르는 자유를, 칸트, 피히테, 헤겔은 자기 인식을, 플레스너는 웃음과 울음을, 마이클 토마셀로Michael Tomasello는 문화적 학습 역량을 인간의 조건을 구분 지어 주는 요소로 보았지요. 이와 같은 여러 시도를 차분히 들여다보고 있노라면, 여러분은 그 각각이 단일한 전체적 성취의 어떤 부분을 모사하고 있다는 점에 동의할 수 있을 것입니다.[51]

다윈이 내놓았던 원래 형태의 진화론이 됐건 피셔의 영향을 받은 진화론이 됐건, 진화의 이론 안에는 하나의 설명과 이해 방식에서 다른 것으로 넘어가는 것을 막을 수 있는 근거가 전혀 없습니다. 점진적 변화가 [인간과 동물의] 근본적 구분과 상충된다고 믿는다면, 그것은 정확히 헤겔의 양질전환의 의미에 대한 오해입니다. 인식 능력을 지닌 동물과 자기 인식의 주체인 인간 사이에는 그 어떤 중간 단계도 없습니다.

이는 얼굴을 볼 수 없는 무늬와 얼굴을 볼 수 있는 무늬 사이에 중간 단계가 없는 것과 마찬가지지요. 하지만 일단 세상에 등장하고 나면 자기 인식을 지닌 피조물들은 지상 위에서 번성하며 세상을 자신의 목적에 맞게 바꾸는 적응을 시작합니다. 그런데 우리 모두 잘 알다시피 그들이 추구하는 모든 목적이 [진화론적] 적응인 것은 아니죠.

과학적 빈곤함을 넘어서
인간성을 회복하기

이제 인간의 본성에 대한 질문으로 돌아가 본다면, 우리는 우리가 어디에 속해 있느냐는 물음에 답할 수 있을 만한 무언가를 손에 쥐고 있다는 사실을 알게 됩니다. 우리는 같은 부류의 구성원과 상호인격적 방식으로 관계를 맺는 부류에 속하죠. 자신의 정신적 상태를 스스로 예측하여 행동하는 것이 우리들입니다.

그러니 어떤 피조물의 지향적 상태는 그 피조물이 지니고 있는 개념의 폭과 수준을 반영합니다. 상대방의 감정을 이해하려면 우리는 상대가 세상을 어떤 식으로 개념화하고 있는지 알아야만 하죠. 우리는 '마치 과학에서 세계를 그려내는 방식에 따라' 상대가 자극에 반응하고 있다는 식으로 상대방의 행태를 묘사할 수가 없습니다. 우리의 정신 상태를 가리키는 개념들이 있지만 그런 개념은 과학적 설명에서 어떤 역할을 갖지 못하죠. 가령 장식, 선율, 의무, 자유처럼 서로 다른 부류에 속하는 것들을 함께 설명하려 들기 때문입니다.

인격이라는 개념 역시 마찬가지로 생각해 볼 수 있습니다. 인격 같은 건 없다기보다는 과학적 이론은 인격을 엉뚱한 것, 가령 고릴라나 포유류와 함께 묶어 고찰하고 있는 것입니다.

게다가 모든 종류의 인격에 대한 과학적 이론도 있을 수 없을 겁니다. (예컨대 법인, 천사, 신에 대한 과학 이론은 없을 테니까요.) 그러니 우리가 속한 부류는 인간이라는 생물을 다루는 과학에 등장하지 않는 개념을 통해 정의됩니다.

과학은 우리를 주체가 아닌 객체로 보고 있으며, 과학에서 묘사하는 우리의 반응은 우리의 느낌이나 감정과는 다른 것입니다. **우리들**에 대한 탐구는 정신과학精神科學: Geistewissenschaften의 소관으로 전혀 과학이 아니며, 그저 "인문학"일 뿐입니다. 말하자면 앞서 웃음을 살펴볼 때 동원했던 그러한 종류의 '인간학적 이해verstehen'인 것이지요.

지금까지 제가 주장해 온 바는 이렇습니다. 우리 인간이 어떤 부류에 속한다고 한다면 그 부류의 성격은 온전히 생물학적인 용어로만 규정될 수 없는 것이거니와, 오히려 상호인격적 관계의 그물망을 반드시 언급하는 것이어야만 한다는 거죠. 그러한 관계는 우리를 서로 묶어줄 뿐 아니라 이 세상에 속하지 않고 육체를 지니지 않은 인격적 존재로 이끌어 줍니다(설령 우리가 그들과 연결되지는 않는다 해도 말이죠).

이 대목에서 여러분은 형이상학적으로 미심쩍은 기분을 느끼실지도 모르겠습니다. 다 떠나서, 생물학적 구성이 아니라 정신적 역량에 의해 규정되는 부류에 속하는 내가 어떻게 어떠한 생물종의 일원일 수 있다는 말인가요? 여기서 앞에서 예로

들었던 그림을 다시 떠올려 보면 도움이 됩니다. 그림이란 일반적인 교육을 받은 사람의 눈에 어떤 형상을 제시해 주는 표면이라 할 수 있습니다. 그림은 그러한 부류에 속하며, 우리는 그 부류에 캔버스, 종이, 컴퓨터 스크린, 홀로그램, 기타 등등 엄청나게 다양한 객체가 속한다는 것도 알고 있지요.

상호인격적 반응을 드러내기 위해, '나'를 중심에 둔 사고의 유희를 즐기기 위해, 변화하는 세계 속에서 서로 책임 있는 주체로서 확립하기 위해서는 대단히 높은 수준의 복잡성이 요구됩니다. 그런 복잡성은 어떤 특정한 자연종에게서만 관찰되는데, 바로 '호모 사피엔스 사피엔스'죠. 하지만 우리가 다른 종의 구성원, 혹은 생물종이 아닌 그 무언가를 우리와 같은 복잡성을 드러내며 우리와 '나 그리고 나'의 관계를 맺을 수 있는 누군가로 떠올려 볼 수는 없는 걸까요? 만약 그것이 가능하다면 그런 존재는 우리와 같은 종류의 질서에 속할 것이며, 그러한 존재와 우리는 같은 부류에 속할 겁니다.•

종교적인 사람들은 신앙을 붙듦으로써 인간 조건의 깊숙한 곳에 있는, 그러나 형이상학적으로 불안정한 진실을 향해 다가갑니다. 인간이 자유롭고 자기 인식을 하며 책임을 지는 존재로서 다른 동물과 구분된다는 것을 이해하는 일은 종교인들에게 전혀 어려울 게 없습니다. 게다가 그들은 그러한 진실을 납득할 수 있게 해주는 이야기와 교리를 완비하고 있습니다.

그런데 그러한 진실은 설령 종교가 없다 해도 진실이며, 그 진실을 보여주는 것이야말로 우리 시대에 철학이 지고 있는 과제 중 하나입니다. 달리 표현해 보자면 철학적 추론이 교리에 섞여 들어가 평범한 이들의 삶 속에 스며드는 것은 종종 벌어지는 일이고, 신앙인들은 철학의 결론과 신앙의 전제 사이의 관계를 엄밀하게 이해해야 하는 과제를 떠안게 되는 것입니다.

여기서 등장한 이 문제는 새로운 것이 아닙니다. 플라톤이 이미 붓을 놀린 바 있고, 플라톤의 영향은 철학에 의해 제시된 진실은 종교적 신앙을 통해 상상할 수 있다는 알 파라비Al-Fārābī의 선언 속에 녹아들어 있는 것입니다.[52] 이러한 사유는 이븐 시나Avicenna와 이븐 루시드Averroës에 의해 발전되어 중세 유럽의 의식으로 들어왔습니다. 이븐 루시드의 저작을 보면 이런 사유는 이른바 "이중 진실double truth"이라는 이단적 사고방식의 경계까지 다가갑니다. 이성을 통해 무언가를 정당화할 수 있으며,

---

● 앞서 스크루턴이 언급한 '법인, 천사, 신'이 바로 그러한 부류의 예시라 할 수 있다. 법인은 법률관계의 편의를 위해 사람의 모임이나 재산에 법적으로 인격을 부여하는 것이다. 법인에는 육체가 없지만 인人으로서 권리와 의무를 지닌다. 물론 사람은 법인과 감정적 교류를 할 수 없으나 (다른 생물과의 관계에서 찾아볼 수 없는) 법적 교류는 일상적으로 이루어지고 있는 것이다. 천사, 신 등 유물론적 관점에서 볼 때 현실에 존재하지 않는 종교적 개념 혹은 인격체의 경우는 반대로, 그들과 법적 교류를 할 수는 없으나 신앙인의 경우 매우 깊은 감정적 교류를 하게 되는데, 이 또한 다른 생물과의 관계에서 찾아보기 어려운 복잡성을 지닌다.

신앙은 또 다른, 서로 호환되지 않는 것을 정당화한다는 이단의 사고방식이죠.

아퀴나스가 이 관념을 계승한 사고뭉치 신학자 시제루스Siger of Brabant를 공개적으로 비난한 바 있습니다. 그리고 그 어떤 철학자도 이런 생각을 달갑게 받아들였을 것 같지는 않군요.● 알 파라비가 제시한 논점은 보다 신중한 것으로, 물론 다른 유형이긴 하나, 이성에 의해 발견될 수 있는 진실은 보다 상상력에 힘입고 있으며 더욱 은유적인 형태인 신앙의 눈을 통해서도 드러날 수 있다는 것입니다. 이성의 능력이 부족한 자들은 신학의 정교한 진실에 추론을 통해 접근할 수 없겠지만, 그럼에도 예배와 기도를 통해 상상적으로, 이성적 논증으로 옮기기엔 부족한 지성의 형태를 띤 지식에 따라 살아감으로써 어떻게든 그러한 진실을 움켜쥘 수 있을지도 모르지요.

제가 지금껏 그려왔던 철학적 작업은 상상의 작업을 통해 완성됩니다. 종교적 신앙을 지닌 이들에게 그러한 작업은 이미

● 이중 진실론은 서구 기독교의 관점에서 볼 때 이단이다. 이성을 통해 파악될 수 있는 진실과 신앙을 통해 파악될 수 있는 진실은 하나라는 것이 기독교 신학의 대전제이기 때문이다. 가령 과학적 지식에 지나지 않는 지동설과 갈릴레이 재판에 대해 교황청은 수백 년 후 사과했을 뿐 아니라, 천동설이 아닌 지동설에 부합하도록 신학적 교리를 수정하였다. 하지만 이중 진실론은 현대 철학자들도 받아들이기 어려운 관점이다. 주류 현대 철학자들은 이성으로 파악되지 않는 진실, 신앙을 통한 상상과 은유로 파악되는 진실의 존재 자체를 부정할 것이기 때문이다.

완료되어 있지요. 반면 회의주의자들은 새롭게 시작해야만 합니다. 우리가 속한 부류는 생물학적 범주에 속하지 않는다는 철학적 진실은 (존 오스틴J. L. Austin의 재기발랄한 표현을 빌자면) 과학적 "밝힘증clairantism"에 의해 쓸려가 버렸죠.

그 진실은 이야기, 이미지, 영감 등에 의해 다시 소환될 수 있습니다. 마치 밀턴이 창세기를 원재료 삼아 우리 인간의 조건에 담긴 진실을 소환해 냈듯이 말이죠. 밀턴의 알레고리는 우리들의 조상을 그려내기 위한 것만이 아니었습니다. 관대함에의 초대이기도 했지요. 밀턴은 우리에게 우리가 누구이며 어떻게 충만하게 살아가야만 하는지 보여주었습니다. 또한 예술의 기준을 제시했지요.

그러나 종교를 걷어내고, 철학을 걷어내고, 예술의 고차원적 목표를 걷어내고 나면 평범한 사람들은 그들의 소외를 대변할 방법을 박탈당하게 됩니다. 한때 충만하게 살아가는 것이었던 인간의 본성은 대신 마지못해 살아내야 할 무언가가 되고 말았습니다. 생물학적 환원주의는 바로 이런 "마지못해 살아냄"을 길러내는데, 그래서 사람들은 점점 더 그쪽으로 빠져들고 있지요. 냉소를 존경의 대상으로, 인색함을 멋진 것으로 만들고 있습니다. 우리의 부류는 우리의 관대함과 함께 소멸하게 됩니다.

인간 관계

HUMAN RELATIONS

인격, 타인과의 관계를 이해하는 철학의 열쇠

●

서로 이유를 제시하고, 서로 책임을 묻고, 칭송하고, 비난하고, 협상하고, 다른 이에게 받아들여지기 위해 애쓰고, 그 과정에서 영향을 받는 등 이 모든 과정들은 지속되는 대화 속에서 전개되며 그럴 때 우리는 상대방의 육체가 아니라 그 속에서 빛나는 1인칭 관점의 주체를 향합니다.

우리가 자유에 대한 믿음과 이성을 향한 호소에 헌신할 수 있게 해주는 "나" 사고"I" thoughts가 인격체로서의 인간의 삶에 근본이 된다는 것은 칸트 이래 분명한 사실이었습니다.

스테판 다월Stephen Darwall에 따르면, 내가 해명해야 하거나 나의 이성을 통해 숙고해야만 하는 다른 인격에 대한 사고, 즉 "너" 사고"you" thoughts 역시 그만큼 근본적인 것입니다. 도덕적 삶은 다월이 "2인칭 관점second-person standpoint"이라 부르는 무언가에 의존합니다. 2인칭 관점이란 그 동기와 행태가 본질적으로 타자를 향하고 있는 누군가의 관점이라 할 수 있습니다.[1] 이 장에서 그 개념을 발전시켜 보겠습니다.

다른 사람에게 행동의 이유를 제공할 때, 나는 나에게 그럴 만한 입장standpoint, 당위authority, 역량competence이 있다고 전제합니다. 또한 타자에게 입장, 당위, 역량을 부여하기도 하지요. 어떤 이유가 자연의 섭리에 따라 별도로 존재하며, 우리가 타자의 관심을 끌어오는 것이 아닙니다. 도덕적 대화란 내가 하는 어떤 일로 인해 **내가 너**에게 특별히 네게 중요한 이유를 발생시키고 부여하는 식으로 흘러갑니다.

가령 상대가 내 발을 밟고 있다고 해봅시다. 상대는 그 발을 내 발 위에서 치워야 할 이유가 있죠. 굳이 말하자면, 그래야 내가 고통에서 벗어날 수 있을 테니까요. 하지만 나는 당신이 내 발을 밟지 않았으면 좋겠다며, 상대에게 발을 치워야 할 또 다른 당위를 제시할 수 있습니다. 이러한 이유는 나에게서 너로 발송된 것으로, 그 힘은 너도 나와 마찬가지로 내게 영향을 미치는 자신의 자발적 행위에 책임 있는 주체라는 전제를 공유하고 있기에 발생하는 것입니다.

'나-너I-You' 관계는 마르틴 부버Martin Buber의 책에 처음 등장하는 개념입니다. 유명한 유대인 철학자이자 신학자였던 그는 양차 세계대전 사이에 활동하면서 당시 문인과 지식인들에게 큰 영향을 주었습니다.[2] 하지만 부버는 나-너 관계가 도덕적 삶의 모든 국면에 본질적으로 개입한다는 점을 결코 분명히 밝히지 않았지요.

다월은 바로 그렇게, 도덕적 규범의 힘은 궁극적으로 2인칭 관계의 관할 아래에서 나온다는 것, 도덕적 판단을 불러들이고 그것을 가능케 하는 관계란 2인칭 관점 위에 수립된다는 것, 책임, 자유, 죄, 비난처럼 도덕적 삶에서 핵심이 되는 개념들은 결국 서로 이유를 주고받는 것이 관계의 일부를 차지하는 나-너 관계가 있어야 말이 된다는 것 등을 보여주고자 합니다.

피터 스트로슨Peter Strawson의 유명한 논증을 차용하고 변용함으로써 다월은 원한, 죄책감, 감사, 분노 같은 감정들은 우리가 동물에게 관찰할 수 있는 반응의 인간적 판본이 아니라 스스로를 "나"라고 깨달을 수 있는 피조물들이 서로에게 책임을 요구하는 방법이 감정의 언어로 번역되어 있을 뿐이라는 것을 보여주고 있습니다.[3]

이러한 감정들의 핵심에는 타인의 자유에 대한 믿음이 깔려 있고, 그 믿음은 우리가 스스로를 근본적으로 폐기해 버리지 않는 한 [생물학적으로] 환원할 수 없는 것입니다. 우리가 무엇이냐고 묻기 위해서는 우리가 서로에게 무엇인지 생각해야 합니다. 1인칭인 우리는 마치 자기장 속의 자석처럼 2인칭 관점을 지닌 채 살아가는 인격체로서의 인간이며, 관계란 그러한 인간 개념 그 자체에 내장되어 있는 것입니다.

인간 관계의 기반,
'나'에 대한 자기 인식

우리의 의무가 나-너 관계에서 비롯한다는 도덕적 진실은 자아가 사회적 산물이라는 형이상학적 진실에 기반하고 있습니다. 우리가 타인과 자유로운 관계에 돌입할 수 있는 건 우리가 스스로를 1인칭으로 이해할 때뿐이기 때문입니다.

이러한 형이상학적 결론에 도달하는 논증은 여럿이지만, 저는 특히 두 논증이 마음에 듭니다. 하나는 비트겐슈타인과 관련 있는 언어철학의 논증이고, 다른 하나는 헤겔이 참여한 인식론적 논증입니다. 두 논증 모두 제대로 다루려면 책 한 권으로도 부족할 테지만 최대한 간략하게 소개해 보겠습니다. **만약** 이런 논증이 타당하다면 나-너 관계의 도덕성은 그것이 필요로 하는 형이상학적 토대를 확보하게 된다는 함의를 지닐 테니 말입니다.

언어철학이 논증하는 바에 따르면, 1인칭의 선언은 특별한 유형의 특권을 드러냅니다. 내가 고통스럽다면 나는 그 사실을 탐색할 필요 없이 바로 알고 있고, 어떤 근거 없이도 내가 고통을 느낀다는 것을 압니다. "고통스럽다"면서 그 사실 여부를 캐보려고 하거나 어떤 근거를 찾으려는 사람은 그 말의 의미를 잘못 사용하고 있는 것이죠. 구체적으로는 "나"라는 단어를 잘못 이해하고 있는 겁니다. 그 단어가 말이 되는 건 진솔함과 진리가 공존한다는 규칙 때문이니까요.

그 규칙을 따르지 않는 사람은 **나**라는 용어를 **그**나 **그녀**처럼 사용하고 있는 겁니다. 화자가 1인칭 사례의 문법을 온전히 체화하고 있지 못하다는 것이 드러나 버리는 거죠. 공적 언어를 숙달하고 다른 사람들도 그들의 생각과 느낌을 직접적으로 표현하기 위해 나처럼 **나**라는 말을 쓰고 있음을 인식할 때 1인칭의 자각이 있다고 할 수 있습니다.

사뭇 다른 어구를 통해 표현하고 있지만 헤겔의 논증도 그와 유사합니다. 욕구와 필요에 의해서만 추동되는 자연 상태에서 나는 인식이 있지만 자아를 지각하지는 못한 상태입니다. 생존을 위한 목숨 건 투쟁에서 시작되는 타자와의 조우를 통해 나는 마치 다른 이들이 내게 그러하듯 나 또한 다른 이들에게 타자임을 인식하게 됩니다.

헤겔은 누군가가 상호 인식의 순간으로부터 스스로 존립하여 다른 이와 마주볼 수 있는 자유로운 자기 인식으로 나아가는 단계적 창발을 시적인 단계를 통해 읊어냅니다. 자아와 타자는 인식이라는 단 하나의 행위를 통해 의식으로 향하게 되는데, 이는 내가 나를 1인칭으로 인식할 수 있는 능력을 내게 부여함과 동시에 다른 이 역시 나처럼 1인칭이라는 것을 내가 인식하도록 요구합니다.[4]

두 논증 모두 1인칭 지식이 지니는 특권적 지위를 인정합니다. 1인칭 지식은 관찰의 대상이 아니라 증거 없이도 우리의 믿음, 느낌, 감각, 욕망을 자발적으로 선언할 수 있는 능력입니다. 나-너 관계는 바로 그런 자발적 능력 위에 세워지는 것이며, 그로 인해 **나**와 **너** 같은 용어가 대화 속에서 의미를 갖는 것입니다. 하지만 그렇다고 해서 그 단어들이 관찰되는 세계 속의 객체를 묘사하는 것인가요? 분명 거기에는 주체의 관점이 표현되어 있습니다.

하지만 우리가 보아온 바와 같이 주체는 객체가 아니며 [주체의] 관점이란 세계 **속**이 아니라 세계 **위**에 있는 것입니다. 어쩌면 인간이라는 생물종에 대한 과학적 발견은 의식에서 인칭대명사가 차지하는 자리를 박탈할지도 모르죠. 하지만 그렇다한들 인간에 대한 그 어떤 과학이 도덕적 삶에, **우리**가 도덕적 삶을 인식하는 바 그대로, 머물 곳을 마련해 줄 수 있겠습니까?

나 자신에 대해 1인칭으로 말할 때, 나는 내게 근거가 없는데 엄청나게 많은 경우 내가 틀릴 수도 없다고 전제되어 있는 명제를 제시합니다. 하지만 그 말을 하고 있는 인간 존재에 대해 내가 완전히 잘못된 소리를 하고 있는 게 불가능한 일은 아니지요. 제가 ['나'라고] 이야기하는 대상이 **바로 그 사람**이라는 걸 어떻게 장담할 수 있나요?

가령 제가 로저 스크루턴이며 정신착란에 빠진 데이비드 캐

머런이 아니라는 걸 제가 어떻게 알 수 있을까요? 어쩌면 내가 나를 지칭할 때 가리키는 대상은 다른 사람이 나를 지목하며 이야기하는 인간과는 다른 존재인 건 아닐까요? 어쩌면 나는 내가 말하고 있는 바 그대로, 즉각적이며 정정 불가능한 인식의 객체인 **자아**를 가리키고 있을지도 모를 일이겠고요.

긴 이야기를 짧게 줄여봅시다. 우리는 1인칭으로 말함으로써 통상적인 발견 방법을 우회하면서 스스로에 대하여 진술하고, 질문에 답하고, 추론하고 조언할 수 있습니다. 그리하여 우리는 결과적으로 서로가 충실하게 서로를 대했다는 전제하에, 우리가 말한 바는 믿음직하다는 보장을 깔고 대화에 참여할 수 있는 것이죠.

요컨대 우리는 "속을 터놓고 이야기"합니다. 이것이 나-너 만남의 핵심입니다. 하지만 여기서 네 인식에 포함되지 않는 어떤 암호와도 같은 "나"가 숨어 있다는 함의가 이어지지는 않죠. 나는 상대가 유기체로서, 그리고 인격체로서 관찰하고 이해할 수 있는 존재입니다. 나를 "너"라고 호명함으로써 상대는 인격체로서의 나를 불러내어 "나"로서 대답하기를 요구하는 것입니다.

타인이 없이는 자아도,
도덕도 없다

칸트는 주체가 "나"로서 자신의 정체성을 확립하는 것에 도덕적 삶의 토대가 놓여 있다고 보았습니다. 이 발상은 칸트의 직속 후학들, 특히 피히테와 헤겔에게 큰 인상을 남겼죠. 하지만 그들은 내가 "나"로 자기 인식하는 것을 자세히 들여다보면 타자와 조우하고 타자의 정체성을 확립하는 것에 깊게 의존하고 있다는 것을 파악했습니다.

이러한 관념을 계승하기 위해 신칸트주의 이상주의자들의 시도 이래 자아와 타자의 관계를 탐구하는 것은 영혼과 육체의 관계에 대한 논의의 자리를 대체하며 철학의 근본 과제로 떠올랐고, 그러한 문제가 오랜 전통을 이어나가게 됩니다. 그리고 헤겔에 의해 자아와 타자의 관계는 주체와 객체의 관계, 관찰자와 관찰 대상의 관계로 타자들 사이에서 다루어진 것보다 심화되었습니다.

헤겔은 만약 데카르트가 상상했던 것처럼 내가 형이상학적 허공 위에 존재하는 순수한 주체일 뿐이라면 나는 결코 지식으로 나아갈 수 없고, 심지어 나 자신에 대한 지식도 얻을 수 없으며, 어떤 지향점을 추구할 수조차 없을 것이라고 주장했습니다.[5] 나의 지각은 추상적이고 공허한, 무의 지각으로 남아 있게 되지요.

하지만 내가 그저 세계의 경계 끄트머리에 서 있기만 한 것은 아닙니다. 나는 세계에 들어가 그 안에서 타자들과 조우합니다. 나는 나 자신에게 나인데, 왜냐하면 나는 또 다른 이에게 너이기 때문이며, [이는 내가 나에게 나라는 것을] 연장해 보면 도달할 수 있는 바입니다. 자기 인식은 타자에 의해 자아에 부여된 인정에 의존합니다. 그러므로 나는 자유로운 대화가 가능한 존재로서 네가 제시되기에 앞서 나를 제시해야 할 책임을 지게 되는 것입니다.

이것이 바로 1인칭 사례를 이해한다는 말의 의미입니다. 또한 이것은 내가 스스로의 상태에 대해 즉각적으로 지각하는 1인칭 사례를 이해하기 때문입니다. [주체의] 그러한 위치는 칸트에게 있어서 철학의 전제를 규정 짓는 것이었으며, 모든 논증에 전제된 것이기도 했습니다. 그 전제 자체가 또 다른 전제, 말하자면 내가 대결이나 대화를 통해 맞부딪히는 상대인 타자를 전제로 하고 있지요. "나"는 "너"를 필요로 하고, 그 둘은 객관의 세계에서 만납니다.

칸트는 지성understanding의 범주하에서는 주체에 대해 알 수 없다고 "순수이성의 오류추리론The Paralogisms of Pure Reason"에서 설득력 있는 주장을 폅니다. 말하자면 우리가 스스로의 내면을 들여다본 후 나를 어떤 실체, 속성을 지니는 대상, 인과 관계의 구성 요소 등으로 규정 짓는identify 것은 불가능하다는 것입니다.[6] 주체를 그런 식으로 규정하려면 주체를 어떤 **객체**로 규정해야 하지요. 주체를 특별한 유형의 객체로 보고 그 위에 실체성과 불멸성의 본질을 부여했던 것은 데카르트의 실수였습니다. 주체란 객체들의 세계 **위에** 있는 관점이지 그 **속에** 있는 항목이 아닌 것입니다.

칸트는 이러한 관계를 일컬어 모든 인식의 중심에 있어서 모든 경험적 범위의 바깥에 있는 "초월적 주체transcendental subject" 라 칭합니다. 하지만 훗날 후설에 의해 차용되고 그 뒤를 이은 후설주의 현상학에서 중요한 자리를 차지하면서, 초월적 주체라는 표현은 우리가 초월적인 것에 대해 적극적인 접근권을 갖는다는 의미로 해석될 수 있게 되었죠. 주체를 일종의 지평선으로, 우리에게 보이는 세계와 맞닿아 있는 일방적인 경계선을 뜻한다고 보는 게 더 타당한 표현이 된 것입니다.

그럼에도 불구하고 설령 주체가 무언가가 아니라고 해서 아무것도 아니라고 할 수는 없습니다. 주체로서 존재한다는 것은 일반적인 객체로 존재하는 것과는 또 다른 일입니다. 주체는 세계의 경계에서 그 누구도 점유할 수 없는 지평선의 한 지점으로부터 현실을 가리키고 있는 것이지요. 우리는 각각 우리의 생각과 느낌에 특별하고 특권적인 지위를 부여하는 지점으로부터 현실을 가리킵니다.

나에게 가장 큰 관건이 될 것들은 나의 생각, 기억, 지각, 감각, 욕망 속에서 내게 현존present하거나, 그 어떤 탐구와 노력 없이도 내게 현존하듯 소환될 수 있지요. 더 나아가 타자에게 응답할 때 나는 그들이 나처럼 그들 스스로에게 현존하며, 그들의 생각, 느낌, 의도에 대해 별도의 탐구 없이 내게 답해줄 수 있다고 여깁니다. 하여 우리는 서로를 2인칭으로, 나에서 너를 향해 호명할 수 있는 것이죠. 인간 조건에서 가장 중요한 것들, 책임, 도덕성, 법, 제도, 종교, 사랑, 예술은 바로 이런 진실 위에 세워질 수 있는 것입니다.

쾌락을 단지 뇌과학으로
설명할 수 있을까?

우리 정신의 상태에는 지향성이 있고, 그러므로 우리가 세계를 개념화하는 방식에 의존하게 됩니다. 게다가 우리는 감정의 대상을 어떤 새로운, 말하자면 "과학적인" 방법으로 개념화하는 방법을 배울 수도 있는데, 그 경우 우리의 감정이 영향을 받지 않은 채 남아 있을 것이라 전제할 수는 없습니다.

어떤 범죄자가 중앙 신경 체계의 꼭두각시라고 규정된다면 그 범죄자를 향한 지탄의 목소리가 퇴색할 수밖에 없듯이, 에로틱한 사랑은 그 대상이 되는 감정을 성과학sexology의 유사과학적 용어로 묘사될 때 위축되고 맙니다. 우리가 이해하고 쌓아올리는 관계, 인간적 관계를 유지해 나간다는 것은 "나"와 "너"의 정직한 용법에 함의되어 있는 방식대로 서로를 개념화한다는 의미를 담고 있죠.

이는 자유롭지 않은 행위로부터 자유로운 행위를, 비이성적 행태로부터 이성적 행태를, 비웃음에서 웃음을, 예측에서 약속을, 후회에서 통한을, 그렇게 많은 것들을 생동하지 않은 세계 속 유기체의 행동과 반응으로부터 인격체의 행동과 반응으로 묘사될 수 있는 것들을 구분해 내는 것을 의미합니다. 진화 심리학자들이 말하는 적응이 제대로 된 설명에 종종 턱없이 못

미치곤 하는 것은 바로 그런 이유 때문입니다. 그러한 이야기들은 우리의 마음 상태가 "어떻게 보이는지"를 건너뛰면서, 우리 고유의 지향적 기술을 개나 말에게도 적용할 수 있는 신경과학의 용어로 대체해 버리죠.

즐거움의 경험만큼 이 논점을 생생하게 보여주는 것은 없을 듯합니다. 무언가가 쾌락을 불러일으키는 이유가 무엇이냐는 질문 앞에서 쾌락의 진화 이론은 그 쾌락을 즐기게끔 하는 유전자가 재생산에서 이득을 보기 때문이라고 설명할 겁니다. 그러한 설명이 가리키는 뇌 내 메커니즘이란 언제 쾌락이 주어지건 유기체로 하여금 같은 행위를 되풀이하게 하는 기능이 될 테고요. 그것은 중독에 대한 설명을 제공합니다. 이전에는 어렵게 얻어야 했던 보상의 획득이 갑자기 쉬워짐으로써 마치 회로가 짧아지고 과열되듯 중독되고 마는 거죠. 마치 우리 조상들의 생존에 도움이 되었던 단것에의 집착이 오늘날은 비만의 원흉이 되었듯, 환경이 바뀌면 적응 형질도 적응에 도움이 안 될 수 있으니 그렇게 건설적인 쾌락과 파괴적인 쾌락을 구분할 수도 있을 겁니다.

하지만 우리는 뚜렷한 진화적 이득을 주지 않는 쾌락도 향유하며, 그런 쾌락은 어떤 식으로건 적응에 대한 본래 논의와 연결 짓기 어렵습니다. 우리는 골프를 치고, 농담을 하고, 적에게 굴욕을 안겨주면서, 음악과 예술과 시에서, 우표를 수집하고 새를 관찰하고 번지점프를 하면서 쾌락을 느낍니다. 더구나 쾌락은 하나가 아니라 여러 가지죠. 따스한 바람이 얼굴에 닿을 때 느끼는 쾌락은 우리가 **얼굴에서** 느끼는 쾌락입니다. 몸의 어딘가에 그 쾌락이 느껴지는(아니 어쩌면 "쾌락의 감각"이라 해야 할지도 모르겠군요) 위치가 있는 것입니다.

하지만 식탁에서 느끼는 쾌락은 그와 같다고 하기 어렵죠. 가령 음식을 맛보며 느끼는 쾌락은 "입 속의 쾌락 감각"이 아니며 그 쾌락의 정확한 위치를 특정할 수는 없습니다. 이건 상쾌한 향기를 맡거나 좋은 와인을 즐길 때도 마찬가지죠. 시각적·청각적 인상에서 오는 쾌락에 대해 생각해 보면 그 쾌락이 어디에 있는지, 혹은 심지어 **느낌** 전체가 어디에 있는지 의문에 빠지고 마는 것입니다. 창밖을 내다보며 내가 느끼는 쾌락은 내 눈이 느끼는 무언가가 아닙니다. 그보다는 차라리 내가 본 것을 승인하는 것, 내 앞에 있는 무언가를 즐겁게 인식하는 것과 더 가깝습니다.

그리고 비록 일부 측면에서 지각 혹은 인식 경험과 결부되어 있지만 [근본적으로] 세상을 탐험하는 태도에서 비롯된 전적으로 지향적인 쾌락이 있습니다. 미적 쾌락이 그런 부류죠. 미적 쾌락은 숙고[와 음미]에서 비롯합니다. 주체의 **바깥**에 있는 무언가에 대한 탐구와 관련된, 말하자면 관심과 몰입을 투입해야 한다는 점에서 무언가를 **주는** 쾌락이며, 마약이나 술에서 오는 것처럼 **받는** 쾌락이 아닌 것입니다. 하니, 지름길을 통해 보상을 쉽게 얻을 방법이 없는 관계로 그러한 쾌락은 중독적이지 않으며, 〈파르지팔〉이나 〈베니스의 상인〉을 경험하는 것을 세로토닌 주사 한 방으로 저렴하게 대체할 수도 없는 것입니다.

어떤 쾌락은 우리의 평가와 결부되어 있고, 그 평가는 동물의 머리로는 닿지 못하는 곳에 있을 때가 있습니다. 경력, 결혼, 육아 등에서 느끼는 쾌락이 그런 거죠. 우리가 성공적인 경력이나 사랑으로 이루어진 결혼을 원하는 건 그것들이 제공하는 쾌락을 느끼기 위해서가 아닙니다. 우리는 그런 것들이 그 자체로서 가치가 있다고 보기에 쾌락을 느끼는 거죠(그런데 다시, 여기서 **느낀다**는 말은 올바른 단어가 아닌 것 같군요).

조셉 버틀러Joseph Buttler가 다소 다른 표현으로 지적했던 이 논점은 노직의 유명한 사고실험을 통해 다시 한 번 귀환했습니다.[7] 머리에 착용하기만 하면 성공적인 경력, 사랑이 가득한 결혼 생활, 예쁜 자녀들, 뭐가 됐건 내가 원하는 것을 모두 떠올리고 믿게 해주는 장치가 있다고 상상해 봅시다. 당연히 이 장치는 그런 좋은 상상과 함께 엄청난 쾌락을 생산해 내겠죠. 이 장치를 머리에 쓰고 있는 동안만큼은 온 세상을 다스리는 왕관을 쓴 기분일 겁니다.

하지만 어찌 됐건 이건 **진짜** 쾌락이 아니죠. 게다가 그 쾌락은 본질적으로 허상이니, 우리는 그것을 추구해야 한다고 믿을 만한 이유가 없습니다. 우리가 원하는 건 **진짜** 성공적인 경력, 사랑이 있는 결혼, 기타 등등이기에 그런 내용이 담긴 환상은 차선조차 못 되는, 이성적으로 볼 때 전혀 바람직하지 않은 무언가인 것입니다.

여러 알쏭달쏭한 사례 중 가장 흥미로운 건 아마도 성적 쾌락의 경우 아닐까 합니다. 성적 쾌락은 그 짜릿한 촉각적 흥분과 떼어놓을 수 없는 신체 부위들과 결부된 감각적 쾌락처럼 보입니다. 하지만 성적 쾌락은 예민한 대상일 뿐 아니라 어떤 면에서 다른 사람을 **향하고** 있는 쾌락이라는 점에서 일반적인 감각적 쾌락과는 다릅니다. 대상이 있는 쾌락, 혹은 적어도 대상을 지니고 있는 마음의 상태에 결부된 쾌락입니다.

그러니 세상에는 실수 혹은 심지어 기망의 결과로 얻게 되는 잘못된 성적 쾌락이 존재할 수 있습니다. 자고 있던 여자가 남편이라 생각한 누군가와 성적 쾌락을 즐긴 경우를 떠올려 볼 수 있겠습니다. 불이 켜지면 그의 쾌락은 곧장 격렬한 불쾌로 바뀌겠죠. 사후적으로 보면 그의 쾌락은 끔찍한 실수의 성격을 띱니다. 쾌락이 있었다고 하여 이 경우를 강간이 아니라고 주장할 수도 없는 것이고요. 이 쾌락은 존재하지 말았어야 할 것이었고, 어쩌면 그는 그것을 떨쳐내려 해도 그러지 못한 채 평생 불쾌에 시달리며 살아야 할 수도 있습니다. 그렇게 루크레티아가 자살했지요.• 누군가 연인의 손길이라 생각하며 쾌감을 느끼다가, 그것이 침입자의 손임을 깨닫고 즉각 불쾌를 느끼는 경우가 좀 덜 극적인 경우로 제시될 수 있겠군요.

● 기원전 6세기, 로마의 귀족 여인 루크레티아가 에트루리아 왕의 아들 섹스투스에게 겁탈당한 후 자살한 사건. 이 사건에 대한 분노로 인해 로마는 군주정에서 공화정으로 체제 전환을 이룬다.

'성적 쾌락'은
단지 본능의 문제가 아니다

이는 우리가 인간의 쾌락을 고찰할 때 제시할 수 있고 제시해야 할 여러 구분의 밑그림을 그려본 것에 불과합니다. 하지만 모든 쾌락을 동일하게, 유전자의 재생산 과정에서 유기체에 깊숙이 박혀버린 적응 과정의 부산물로 여기는 진화심리학의 접근법은, 이런 간략한 논의만으로도 복잡하게 꼬여버립니다.

저는 간단히 조사해 본 바에 따라 쾌락은 전혀 다른 경로로 솟아오르는 것이며, 유전적 관점에서 한 가지의 기능을 수행하는 적응은 우리의 **사회적** 진화에 의해, 혹은 개인적 삶의 요구에 따라 그 생물학적 기능으로부터 완전히 벗어난 채 다른 용도로 사용될 수도 있다고 제안하고자 합니다.

성적 쾌락의 예시가 특히 흥미로운 건 그것이 재생산하는 동물로서 우리가 지닌 본성과 결부된 쾌락을 다루고 있기 때문입니다. 그러니 성적 쾌락에 진화론적 역할을 부여하지 않을 수도 있다는 점이 놀라운 것이죠. 진화에서 수행하는 역할은 인간이 성적 활동에서 원하는 바를 묘사하기에 턱없이 부족합니다.

성적 쾌락은 객체가 아니라 나와 같은 주체로 인식되는 다른 인격체에 초점이 맞춰져 있습니다. 정확히 말해 타자를 억누르는over 쾌락도, 타자에 대한about 쾌락도 아닙니다(그러니 다른 감정적 쾌락과 정확히 같다고 볼 수도 없습니다). 그보다는 타자 안에서in 누리는 쾌락의 일종인 것이죠. 그것은 타자를, 마치 (내 몸과 같은) 객체가 아니라 나와 같은 주체로 바라보아야 한다는 조건 위에 성립하는 쾌락입니다.

타자를 객체로('너'가 아닌 '이것'으로) 취급하는 성적 쾌락의 유형을 접할 때 우리가 그것을 변태적인 것 또는 일종의 학대로 여기게 되는 것은 그래서입니다.[8] 대표적인 사례가 시체애호증necrophilia이죠. 객체의 지위로 내려앉은 인간을 쾌락의 대상으로 삼으며 섹스를 일종의 전리품으로, 다른 생명에 대한 승리로 여기는 행태니까요.

수컷에게 있어 유전적 투자를 늘리는 손쉬운 방법인 강간 역시 그렇습니다. 원치 않는 상대방을 억누르며 성적 쾌락을 얻어내고 타인의 주체성을 전리품처럼 강탈하는 행동이죠. 강간은 바로 그런 짓이기 때문에 격분을 자아내는 겁니다. 우리는 피해자의 편에 설 뿐 아니라 성폭행범을 향한 깊숙한 반발을 느끼며 분노하는 거죠.

조너선 하이트Jonathan Haidt가 도덕성에 대해 논하며 분명히 보여준 바와 같이, 진화심리학에는 근친상간에 대한 반감처럼 이성적으로 설명하기 어려운 본능적 격분을 다룰 수 있는 여지가 어느 정도 담겨 있습니다.[9] 하지만 그러한 격분의 **지향성**을 다루기에는 턱없이 부족합니다. 이는 배설물을 보고 느끼는 역겨움과 같은 신체적 반응이 아닙니다. 이 반응은 쾌락이 잘못된 방식으로 솟아나고 있다는 판단, 그 쾌락의 추구자가 무언가를 오염시키고 있다는 판단에 따른 것입니다.

시신에 대한 성행위는 유전자를 남기기에 유리한 행동이 아닐 테니, 인류가 시체애호가가 아닌 것은 진화론적 설명이 가능합니다. 우리가 배설물을 꺼리는 이유도 마찬가지겠죠. 하지만 우리가 왜 근친상간, 강간, 포르노그래피, 간통, 소아성애, 그와 유사한 많은 것들을 상호인격적 주체에 대한 공격으로 간주하고 분노하는지에 대해 진화론은 설명해 주지 않습니다.

미적 쾌락에 대한 진화론적 접근에서 같은 유형의 결함을 목격할 수 있습니다. 우리가 세상을 보고, 느끼고, 듣고, 어루만질 때 솟구치는, 종종 (가령 플라톤이 그랬던 것처럼) 성적 쾌락과 비교되곤 하는 바로 그 쾌락이죠. 제프리 밀러는 그의 책《연애》에서 다윈이 최초로 제시했던 그 관점을 고수하며 외모에 대한 관심과 응시가 성 선택에 영향을 미쳤을 수 있다고 주장합니다. 특히 구체적으로 낭비의 관점에서 볼 때, 풍부한 유전 자원을 지닌 개체만이 저토록 많은 에너지를 저렇게 쓸모 없는 장식에 투여할 수 있을 테니, 공작의 화려한 꼬리는 그 공작이 재생산에 적합하다는 것을 보여주는 신호가 되는 것입니다.

한편 데니스 더튼Denis Dutton은 그의 책《예술 본능The Art

Instinct》에서 홍적세를 살았던 원시 인류가 좋은 주거지의 필요성을 느끼며 찾아 헤맨 탓에 풍경에 대한 우리의 취향이 뿌리를 내렸다고 설명합니다.[10] 우리의 조상들은 마실 물을 구하기 쉽고, 사냥감이 잘 보이는 탁 트인 초원이 한눈에 보이고, 그러면서도 포식자를 피할 수 있는 나무가 있는 숲의 경계선에 해당하는 곳을 찾아다니며 세월을 보냈을 거라는 거죠. 그러므로 오늘날 사람들이 거실을 꾸밀 때 걸어놓는 풍경화가 기본적으로 나무와 물, 어느 정도 탁 트인 경치를 담고 있다는 건 전혀 놀랄 일이 아니라는 게 더튼의 설명입니다. 하지만 다시 말하건대 이런 설명은 설명해야 할 대상을 설명하는 데 있어서 한참 모자랍니다.

더튼이 묘사하는 그런 소위 '이발소에나 걸려 있을 법한 그림'은 우리가 미적 감각을 훈련하고 학습하기 시작할 때 가장 먼저 버려야 할 무언가로 여겨지고 있으니까요. 미적 쾌락은 판단, 구별, 감정과 거짓 감정을 분별하는 능력, 세상의 본성에 대한 어른스러운 대응, 그 밖에도 먼 옛날 수렵 채집인 조상들의 생존 욕구와 예술의 참된 목표를 구분하게 해주는 수많은 것과 관련되어 있으니, 본인의 집을 온통 상투적인 자연 풍경으로만 도배해 놓은 사람은 아직 그런 것을 배우지 못한 사람으로 보일 수밖에 없을 겁니다.

진화 단계에서 뛰어넘을 수 없는 벽이 존재한다는 월리스의 관점을 저는 받아들이지 않습니다. 언어, 자기 인식, 도덕적 판단, 심미적 취향, 그 외 많은 것들은 어떤 식으로 창발했을 것이며, 그러한 것들이 돌연변이와 자연 선택을 통해 창발했을 것이라는 다윈의 제안 역시 곧장 부정할 수는 없다고 생각합니다.

하지만 저는 철학의 오랜 소명을 붙들고 있으렵니다. 철학은 사물을 분별하고 그 차이를 뭉뚱그리지 않으며, 특히 다른 동물에게서 발견되지 않는 또렷한 요소들, 분명한 의미를 지니기에 인간의 조건을 규정 지어주는 우리 자신의 삶의 요소들에 머물고자 합니다. 설령 [인간과 동물 사이에] 넘을 수 없는 간극이 있는 건 아니라 해도 간극이 있긴 있으며, 그 차이는 분명합니다.

타인을 '향한'
도덕적 의무의 기원

이 논점은 제가 "상호인격적 태도의 뻗어나가는 지향성"이라고 부르는 것에서 좀 더 긴급하게 드러납니다. 서로를 향해 반응할 때 우리는 상대가 우리를 호명하는 도달할 수 없는 지평선을 찾기 위해 타자를 **들여다**봅니다. 우리는 인과의 흐름에 포착되고 시간과 공간 속에서 상호작용하는 객체들이죠. 하지만 각각의 인간 객체들은 우리를 향한 눈빛, 몸짓, 말을 통해 "나"의 초월적 지평으로부터 우리를 호명합니다.[1]

타자에 대한 우리의 응답은 우리의 육체를 지나 몸의 형태에 담겨 있는 [주체의] 지평선으로 향합니다. 그러한 상호인격적 반응이 있기에 영혼이라는 개념도, 육체에 가리워진 채 드러나지 않는 자아라는 개념도 설득력을 갖게 되는 것이지요. 또한 우리의 상호인격적 반응이 특정한 방식으로 전개되는 것도 이것 때문입니다. 말하자면 우리는 서로를 바라볼 때 상대를 [외적 반응으로] 포장된 무언가로, 무에서 창조되어 자아의 단일한 중심을 이루고 있는 무언가로 여기는 것입니다.

너를 2인칭으로 호명하면서 동시에 **나**를 2인칭으로 호명하는 존재로 보게 되는데, 이건 상대가 스스로를 1인칭으로 여기고 있기 때문에 가능한 일입니다. 이 발상은 엘리자베스 앤스

컴Elizabeth Anscombe이 지향에 대해, 무언가를 지향적으로 혹은 부분적인 지향성을 지니고 수행하는 것에 대해 내놓았던 논증과 연결됩니다.

앤스컴은 어떤 행위에 "왜?"라는 질문이 어느 정도 적용 가능하다면 그 행위는 지향적이라고 주장합니다. 행위자가 불려나와 이유를 제시하도록 요구받을 수 있는 행태가 지향적 행위입니다.[12] 지향적 행위는 주체적 자각의 반경 내에 포함되죠. 나는 내가 무엇을 왜 하는지 곧바로 자각하며, 너 역시 세상을 향한 나의 태도에 대해 "왜?"라고 질문함으로써 직접적으로 접근할 수 있습니다. 물론 오류나 말실수, 자기 기만이 벌어지곤 하죠. 하지만 그것들은 내가 특별한 권위를 갖고 신실하게 진실성을 보증하는 경우, "왜?"라는 질문에 대해 곧장 대답할 수 있는 기본적인 경우에서 벗어난 것에 지나지 않습니다.

1인칭 특권은 우리의 정신적 생활에서 너무도 친숙한 기능이기에 우리는 문득 멈춰서 그것에 대해 의문을 던지거나 하지 않습니다. 또한 그것을 설명하고자 하는 시도는 제자리에서 맴돌죠. 혹은 앞서 비트겐슈타인과 함께 설명했던 것처럼, 1인칭 특권을 자기 참조 "문법"의 오류에 속한다고 치부하는 발상으로 빠져나가게 마련입니다. 그 맥락 속의 "문법"이 구체적으로 뭔지 이야기하지는 못하면서 말이죠.[15]

제 논증의 관점에서 중요한 건 1인칭 특권이 인격적 관계의 토대라는 것입니다. 요컨대 너를 호명하는 나는, 너의 1인칭 자각을 나의 권역 안으로 불러들이는 것이라고 말할 수 있죠. 덕분에 나는 과학적 탐구, 심리학적 이론, 숨은 의도 탐색 등을 집어치운 채 너와 직접 맞닥뜨릴 수 있게 됩니다. 나는 네게 생각을 바꿀 만한 이유를 제시할 수 있고 너 역시 내 생각을 바꾸려 할 수 있지요. 우리의 진솔한 1인칭 진술은 우리의 생각, 감정, 행위를 드러내는 유일한 권위의 원천인 만큼, 우리는 스스로에게 책임을 지는 특별한 방식으로 서로와 마주합니다.

그러니 원칙적으로 **너**라는 단어는 다른 사람을 **묘사**하지 않습니다. **너**는 그 또는 그녀를 현재의 너로 소환합니다. 합당한 응답을 대가로 지불해야 **너**의 소환이 이루어지죠. 우리는 타자를 우리에게 불러내는 바로 그 단어로 인해 타자에게 호명됩니다. 이것은 **나**라는 단어에서 비롯하는 1인칭 자각이 없다면 불가능한 일이죠. 하지만 우리가 서로에게 관심을 갖고 공동체를 이루고 살아가며 나누는 대화가 없다면 **나**라는 단어의 사용 역시 불가능할 것입니다.

지향은 욕망과 같은 것이 아닙니다. 우리는 우리가 원하지 않는 것을 지향할 수 있고 원하는 것을 지향하지 않을 수도 있으니까요. 무언가를 지향한다는 건 자신이 그것을 할 것이고 왜 하는지에 대한 확신을 갖는 것입니다. 지향은 예측이 아닙니다. 나는 오늘밤 파티에서 술을 진탕 마실 거라 예측했지만,

어쩌면 맨정신으로 귀가할 수도 있겠죠. 이 경우처럼 내가 나를 외부에서 바라보며 예측하는 경우, 나는 증거를 수집하고, 지난 관찰을 참고하고, 다른 사람을 관찰하여 결론을 얻어내듯 스스로를 관찰하여 결론을 도출합니다.

내 예측은 옳을 수도 있고 틀릴 수도 있습니다. 하지만 거기에는 1인칭 지식에서 비롯하는 특권이 없으며, 나의 예측은 다른 누군가의 행태를 예측할 때와 다르지 않습니다. 나는 스스로의 행태를 "나"가 아닌 "그"의 행태로 예측하는 것입니다.

내가 "마음을 먹고" 집에 맨정신으로 가겠다고 **결정**한다면, 이제 내가 할 일은 아무런 근거 없이 정해지죠. 이런 상황에서 "왜"라는 질문을 받으면 나는 지난 행태에 따른 근거를 제시하는 대신 **행위의 이유**를 제공합니다. 나는 나의 미래에 대해 **책임을 지게** 되는데, 이는 미래를 1인칭 시점의 가시권에 둔 후 내가 하게 될 일이 **그것**이라고 확신을 갖는다는 의미입니다. 만약 내가 맨정신으로 귀가하지 않는다면 이것은 과거의 내가 나의 미래 행위를 잘못 예측했기 때문이 아니라 내가 마음을 바꿨기 때문입니다.[14]

나-너 만남 속의 우리는 우리가 자각하고 있고 다른 이가 밝혀달라고 요구할 수 있는 이유를 두고 행동합니다. 신뢰는 신뢰할 만한 답변 위에 쌓이며, 진실한 태도는 진실을 보장하죠. 달리 말하자면, 우리는 대화를 통해 서로의 행위에 직접적인 영향을 줄 수 있습니다. 이는 믿음, 생각, 느낌에 있어서도 마찬가지죠. 이렇듯 서로에게 의탁하는 능력 덕분에 오직 인격체 사이에서만 가능한 특별한 유형의 관계가 생겨납니다. 우리가 누구인지, 무엇을 하는지, 무엇을 느끼는지에 대해 각자 책임을 지기 시작하는 것이죠.

우리가 인간 공동체를 다른 관찰 가능한 모든 사회적 동물들의 조직과 구분 짓게 해주는 것은 다층적인 의무와 헌신이며, 우리는 상호 관계에 얽혀 있는 상호책임성의 수준에 따라 그런 의무와 헌신을 받아들입니다. 존 설John Searle의 표현을 빌자면 우리는 서로의 관계 속에 "의무적 권능deontic powers"을 발생시킵니다. 우리가 의무를 만들고, 수용하고, 적용할 수 있는 능력이 없었다면 존재하지 않았을 의무가 이 세상을 가득 채우고 있는 것입니다.[15]

칸트라면 인간적 조건의 기능들은 우리의 초월적 자유로부터 흘러나온다고 할지도 모르겠지만, 그렇지 않습니다. 인간적 조건의 기능들이 **자유를 이루고 있는 것**입니다. 서로 이유를 제시하고, 서로 책임을 묻고, 칭송하고, 비난하고, 협상하고, 다른 이에게 받아들여지기 위해 애쓰고, 그 과정에서 영향을 받는 등 이 모든 과정들은 지속되는 대화 속에서 전개되며 그럴 때 우리는 상대방의 육체가 아니라 그 속에서 빛나는 1인칭 관점의 주체를 향합니다.

정념의
재중심화와 탈중심화

우리가 서로를 이러한 방식으로 불러내기 때문에 우리의 감정적인 삶 전체가 재중심화recentering됩니다. 우리의 감정적 삶은 우리가 깃들어 있는 유기체, "그것"에 부속된 무언가가 아니라, 말하고 바라보는 "나"를 이루는 무언가가 되지요. **나**라는 단어를 사용할 때 우리는 몸을 잠시 옆으로 밀어두고 유기체의 자리를 자아로 대체하며, 관심을 품고 접근하는 이들에게 내재되어 있고 다른 이들을 상대하려면 드러내야 하는, 다른 이들이 관심을 가질 만한 목표를 제시합니다.

제가 앞서 상호인격적 관계의 뻗어나가는 지향성으로 언급하고자 한 것이 이거죠. 타자들은 바로 이런 "나"라는 것을 지닌 채 대화의 장으로 들어오는데, 여기서 "나"는 물리적 세계의 일부이면서 물리적 세계의 첨예한 경계선 위에 있는 무언가로, 일종의 주권적 영역으로 성립합니다.

물론 그건 어떤 실체적인 의미를 지니는 게 아니고, 비트겐슈타인과 피터 해커Peter Hacker의 독자들이라면 여기서 우리의 문법에 오해의 그림자가 드리워져 있다는 식의 서술이 그리 낯설지 않을 것입니다.•16 그럼에도 불구하고 한 인격체에 있어서 마음의 상태는 상호인격적 대화의 일부로서 재중심화되며, 나에게 스스로 부여된다고 말하는 것은 옳은 일입니다.

이와 같은 재중심화 과정을 가장 우아하게 그려내 주는 경우라면 역시 성적 욕망을 다시 거론하지 않을 수 없겠습니다. 성적 욕망을 기술할 때 우리는 메리에 대한 존의 욕망이나 빌에 대한 제인의 욕망 같은 식으로 서술하죠. 당사자들은 스스로의 욕망을 ('너에 대한 나의 욕망'이라는 식으로) 기술할 뿐만 아니라 경험합니다. "나는 너를 원해"라는 말은 발화의 한 형태가 아니라 내가 느끼는 바의 정직한 표현입니다. 그리고 우리 사이의 상호인격적 현실을 구성하는 자유롭고 책임 있는 선택의 가장 중심에는 대명사 정체화pronouns identify가 있고요.

내가 원하는 것은 자유로운 존재로서의 너이며, 너의 자유는 내가 원하는 그것을 감싸고 있는데, 내가 원하는 그것은 다름 아닌 스스로를 1인칭으로 정체화하는, 스스로를 '나'로 생각하며 나와 관계하는 너인 것이죠. 그리고 이것은 내가 너를 원하는 것과 같은 방식으로 너도 나를 원하기를 원하기 때문인데, 이렇게 욕망의 상호성이 고조됩니다.

● 피터 해커는 비트겐슈타인에 대한 연구로 유명한 영국의 분석철학자다. 해커는 가령 우리의 1인칭 특권에 대한 서술은 문법적 착각이라는 등, 비트겐슈타인에 대한 '분석철학적' 이해를 강조한다. 반면 최근의 비트겐슈타인 연구는 그가 지니고 있던 윤리관, 도덕관 등에도 관심을 기울인다. 스크루턴이 '비트케슈타인과 해커'이라 말한 것은 해커의 해석을 통해 알려진 비트겐슈타인과 오늘날 논의되는 비트겐슈타인의 차이를 강조하기 위한 것으로 볼 수 있다.

"너라는 모든 것All the Things You Are", "너와 맞닿았고I've Got You Under My Skin"등, 대중가요에 2인칭 대명사가 섬세하게 사용되는 경우가 드물지 않은 건 그래서일 겁니다.• 또한 시의 세계로 넘어오면, 마치 프리드리히 뤼케르트Friedrich Rückert의 유명한 시구처럼 2인칭은 상대를 소환해 내는 주문이 됩니다.••

Du bist die Ruh, 그대는 안식이오,

Der Friede mild, 부드러운 평안이오,

Die Sehnsucht du 그리움이오

Und was sie stillt. 그리움을 달래주는 그대.

슈베르트는 이러한 성찰에 형언할 수 없는 정적을 담아낸 바 있는데, 그 점은 따로 상기해 볼 가치가 있습니다. 슈베르트는 영리하게도 평화나 고요처럼 갈구하는 추상적 대상, 심지어 갈구함 그 자체를 단단한 대명사로 응축시켜 추상성을 포획하고 빠져나갈 수 없는 벽을 둘러 세웠지요. 여기서 **너**는 타자들의 초월적인 **나**로서, 내가 갈구할 수는 있으되 기술할 수는

• 'All the Things You Are'은 엘라 피츠제럴드의 노래, 'I've Got You under My Skin'은 프랭크 시나트라의 노래다.

•• 뤼케르트의 이 시는 슈베르트의 작곡을 통해 '그대는 안식'이라는 가곡으로 우리에게 잘 알려져 있다.

없는 무언가인 것입니다.

우리의 동물적 감정이 '나'를 향해 재중심화될 수 있고 그래야 하듯이, 같은 감정이 탈중심화decentered되어 "그것"의 세계 속 볼거리가 되는 일 또한 가능할 것입니다. 말하자면 그것들은 "나의 것"으로 경험되지도, 내가 누구이고 무엇을 느끼며 너와 관련하여 무엇을 택하는지에 대한 표현으로도 여겨지지 않습니다. 그보다는 외부에서 나를 잡아끄는 힘으로, 객체의 세계 속에 불어닥치는 돌풍마냥 덮쳐오는 무언가로, 그리하여 그 무심한 계곡으로 나와 너를 쓸어버리는 어떤 힘으로 여길 수도 있는 거지요.

수많은 작가들이 이러한 타자의 대상화, 특히 포르노그래피적 이미지를 사용한 여성의 대상화에 대해 관심을 보여왔습니다.[17] 칸트주의적 관점에 뿌리를 두고 있으며 계몽주의 시대 이후 우리의 세속적 세계관 속에 살아 숨 쉬는 이러한 태도와 그로부터 비롯한 비판에는 분명 일리가 있습니다. 하지만 제 생각에 그러한 비판은 문제의 핵심을 짚지 못하는 것으로 보입니다. 포르노의 진정한 해악은 다른 이를 성적 대상으로 묘사하는 데 있다기보다는 감상자의 성적 감정을 근본적으로 탈중심화하는 효과에서 비롯하기 때문입니다.

포르노는 성적인 희열을 나-너 관계에서 떼어내 이름 없는 행위자들 사이의 자극적인 장면 속에 배치하는데, 애초에 그러한 장면이 그려내고자 하는 것이 나-너 관계가 아니라 자극적인 모습일 뿐이라 하더라도 포르노에 담기는 장면들은 너무도 탈인격적입니다. 이렇게 희열과 욕망이 탈중심화되면, 친밀함의 순간은 내가 너에게 너가 나에게 주는 무언가가 아니라 관음증적 태도의 거친 조명 아래에서 그저 내게 **벌어지는** 일이 되어버리고 맙니다.

이렇듯 우리의 핵심적 정념이 탈중심화되는 일은 물론 성적 영역에서만 벌어지지 않습니다. 이러한 현상이 전적으로 새로운 것도 물론 아니고요. 이는 마르크스가 물신화fetishims라 부른 현상과 연관이 있으며, 다소 검열적인 면모가 있는 프랑크푸르트 학파의 비평가들이 지적했듯이 할리우드산 작품들에서 발견되곤 하지요.[18]

어떤 면에서 보자면 어느 정도는 벌어질 수밖에 없는 일이며 필시 재앙과 파국이라고 할 수도 없습니다. 하지만 우리를 서로에게 묶어주는 가장 큰 감정, 말하자면 성적 감정이 탈중심화될 때, 아이들이 그런 탈중심화된 것으로 성적 감정을 배우게 될 때, 인간 공동체의 본성 및 사회적 재생산의 근간이 되는 정서의 심대한 변화를 겪을 수밖에 없다는 것을 우리는 유념해야 할 것입니다.

우리 세계의 근간,
상호인격적 반응

지금껏 저는 칸트와 칸트의 뒤를 이은 이상주의자들에 의해 전면에 제시된 인격의 양상들에 집중해 왔습니다. 특권적 판단과 뻗어나가는 지향성을 지닌, 우리 모두에게 있는 1인칭 관점의 존재에 대해서 말이죠. 하지만 관념의 역사를 살짝 들여다보기만 해도 알 수 있다시피 다른 양상들도 존재합니다.

페르소나Persona라는 단어는 로마와 에트루리아의 극장에서 기원했습니다. 배우들이 쓰는 가면 및 그 가면으로 드러나는 인물의 성격을 뜻하는 단어였지요. 이는 로마법에서 차용되어 기업 및 온갖 추상적 구성체를 모두 포함해, 사법적 권리와 의무를 지닐 수 있는 모든 개체를 뜻하게 되었습니다. 초기 기독교 신학자들은 이 용어를 다시 한 번 빌려와 삼위일체의 교리에서 신에게 속한 세 가지의 위격을 설명할 때 사용했고요.

삼위일체에 대한 논의는 인격이 인격을 보유하는 어떠한 본질에 속한다는 관점으로 이어졌고, 6세기의 철학자 보에티우스Boethius는 인간 존재의 본질적 속성을 규정함에 있어서 이를 자신의 지침으로 삼았습니다. 보에티우스에게 있어서 사람의 인격이란 "이성적 본성의 불가분적 실체"[19]였지요. 이러한 정의는 아퀴나스에게 차용된 후, 계몽주의의 시대에 로크와 칸트라는 두 위대한 철학자가 개념 전체를 재검토하고 수많은 결을 헤쳐내기 전까지 그 자리를 지키고 있었습니다.

보에티우스의 정의에 따르면 내가 본질적으로 무엇이냐(혹은 누구냐)는 바로 **인격체**로서의 존재와 같습니다. 그러니 우리는 존재하기를 멈추지 않는 한 인격체로서 존재하기를 멈출 수도 없습니다. 이렇게 정의된 인격과 앞에서 묘사한 주체와의 관계가 완전히 분명한 것은 아닙니다. 그 인격이 어떻게 그 인간 존재와 관련이 있는지도 분명하지 않죠. 우리는 분명히 이러한 인간 존재이며 존재하기를 멈추지 않는 다음에야 이 인간 존재이기를 멈출 수도 없습니다.

하지만 설령 그렇다 해도 그 인간 존재와 그 인격이 반드시 언제나 공존해야만 할까요? 비록 저와 같은 용어를 쓰지는 않았습니다만 로크가 제시한 것이 바로 이 질문이었고, 로크는 동일한 인격체가 동일한 인간 존재일 필요는 없으며 반대도 마찬가지라는 결론에 도달했습니다. 특히 시드니 슈메이커Sydney Shoemaker가 그랬듯 비슷한 효과를 발생시키는 사고실험을 진행한 사람들이 더 있었고, 그 결과 "인격적 동일성personal identity"은 철학의 해묵은 논란거리가 된 채 논쟁 참여자들 사이의 의견 합의 없이 오늘에 이르고 있습니다.[20]

미학에서도 유사한 문제가 제기됩니다. 조르조네Giorgione의 〈템페스트〉는 어떤 회화적 양상을 지니는 특정한 그림입니다.

또한 〈템페스트〉는 베니스 아카데미아 미술관에 소장되어 있는 물리적 객체이기도 하죠. 예술 작품으로서 존재하는 한 우리가 볼 수 있는 회화적 양상을 잃지 않을 것입니다. 존재하지 않게 되지 않는 한 특정한 물리적 객체로서 존재하기를 멈출 리도 없을 테고요.

하지만 어떤 과정을 통해 작품의 회화적 양상이 다른 캔버스로 옮겨지고 그 후 원작이 파괴되었다면 어떨까요? 조르조네의 〈템페스트〉는 살아남았습니까, 그렇지 않습니까? 그림을 회화적 양상의 측면에서 본다면 '그렇다'고 해야겠지만, 물리적 객체의 관점에서 본다면 '아니다'라고 해야겠죠.[21]

이 모순은 해소될 수 있을까요? 사람의 경우라면 분명히 그래야만 할 겁니다. 시간이 흘러도 유지되는 정체성의 유무는 우리의 상호인격적 관계에서 치명적인 요소니까요. 서로를 불러세우고 마주할 때 우리는 상대방이 과거의 어떤 사람과 동일성을 지닌다고 간주하며, 본인의 말과 약속에 책임을 지고 미래에 대해 무언가를 지향하리라고 전제하기 때문입니다. 통시적 정체성은 우리가 이해하는 바 인격 개념의 토대이며, 실로 모든 자기 귀인의 전제라 할 수 있습니다.[22]

그런데 인격은 마치 〈템페스트〉가 어떤 화폭에 매여 있듯이 특정한 인간 존재에 닻을 내리고 있지요. 게다가 우리는 기억, 지향, 책임 등이 이 몸에서 저 몸으로 옮겨가거나 신체를 전부

상실한 후에도 존속하는 경우를 상상해 볼 수 있습니다. 마치 지향, 기억, 기타 여러 인격적 기능이 깨끗하게 지워져 버린 후에도 유기체로서의 몸만은 살아 있는 경우를 떠올려 볼 수 있듯이 말이죠.

우리가 그걸 걱정해야 할까요? 제 대답은 '아니요'입니다. 우리가 두 가지 방식으로, 유기체로서의 인간과 인격체로서의 인간으로서 공존하며 양자가 분화될 가능성이 있다 해도, 그것은 그러한 대립되는 흐름 위에 우리가 쌓아온 삶의 관습을 흔들지 못합니다. 우리는 설명의 대상인 세계와 서로를 이해하는 장으로서의 세계라는 두 모순된 방식 모두로 세계를 파악합니다. 상호인격적 반응은 우리 그 자체이며, 바로 그런 방식으로 계획을 세우고 앞날을 투사하기에, 우리는 상호인격적 반응 없이는 살아 나갈 수 없습니다.

하지만 그 개념들은 우리의 행태를 다루는 과학이나 인간 존재의 생물학적 연원을 따지는 이론 속에서는 제 자리를 갖기 어렵습니다. 마치 회화를 이해하기 위해서는 물감이 칠해진 캔버스에 대한 과학적 연구와는 다른 무언가가 필요하듯 말이죠. 결국 인격체로서의 우리 삶이 요구하는 것이 무엇인지에 대한 탐구의 필요성은 여전히 남게 됩니다.

CHAPTER 3

도덕적 삶

THE MORAL LIFE

도덕에 대한 현대 윤리학의 오해를 바로잡기

●

안나가 이런 식으로 추론을 했다고 생각해 보세요. '두 젊은 사람을 만족시키고 늙은 사람 하나를 실망시키는 것이 한 늙은이를 실망시키고 젊은이 둘을 실망시키는 것보다 나아. 말하자면 2.5대 1 이지. 고로 나는 떠나겠노라.' 이런 식이었다면 우리는 안나 카레니나가 도덕적으로 진지한 결정을 내렸다고 생각할 수 있었을까요?

인격체인 사람은 도덕적 존재로, 옳고 그름을 의식하며 동료들을 판단하고 때로는 판단의 대상이 되기도 합니다. 사람은 또한 개별적인 존재로, 우리의 본성은 자유로운 개인이지만 우리는 필요에 의해 공동체의 구성원으로 살아가야 하며, 도덕적 삶에 대한 그 어떤 논의도 이 긴장을 숙고하는 것에서 시작하지 않을 수 없습니다.

우리는 종종 자유로운 개인이라는 개념이 최근의 발명품이라는 말을 듣곤 합니다. 개인이란 세계 모든 곳에서 발생하지 않았을 수도 있고 실제로 벌어지지도 않았던 문화적 변혁의 부산물에 지나지 않는다는 거죠. 야콥 부르크하르트Jacob Burckhardt는 헤겔의 역사철학에서 비롯한 시대정신Zeitgeist 개념을 자양분 삼아 오늘날 우리가 학교에서 배우고 가르치는 예술사 분야를 정초한 것이나 다름없다고 할 수 있는 그의 책《이탈리아 르네상스의 문화》에서 이와 같이 주장했습니다.[1] 아마도 기독교 문명에서 최초로 벌어지기 시작한 일일 텐데, 개인들은 사회적 규범보다 개인적 성취를 삶의 목표로 삼기 시작했고 문화란 바로 그런 것이라고 말이죠. 이런 시각은 어느 정도의 진실을 포착해 낸 것이지만 또한 어느 정도는 과장된 측면이 있습니다. 앞서 우리가 지난 두 장에 걸쳐 살펴본 내용이 그럴듯한 것이라면, 스스로를 개인으로 정의하는 것은 인간 조건 그 자체의 일부분일 테니 말이죠.

의심할 여지없이, 특정한 환경에서 사람들은 이웃과 겹치는 부분보다는 그들과 구분 짓게 해주는 무언가에 더 큰 방점을 찍을 것입니다. 인생을 그 자체로 전체적인 무언가를 보는 관점보다 단일한 서사로 보는 관점이 더 선호될 수 있다는 것도 마찬가지고요. 어떤 시대에는 다른 시대보다 그런 생각이 보다 전면에 대두되겠죠. 다른 문화권에서 개인적 태도에 무관심하거나 심지어 적대적일 때, 어떤 문화권에서는 개인을 칭송하며 공동체로부터 "두각을 나타내는" 모습에 환호할 수 있다는 것 역시 의심의 여지없이 분명합니다.

하지만 우리는 이 모든 경우에서 "개인주의"와 깊은 개인성 deep indivisuality을 구분해야 합니다. 전자는 스스로의 삶과 가치관을 만들어 가는 개인을 강조하는 사고방식인 반면, 후자는 인격체로서 우리가 개인주의자건 아니건 공유할 수밖에 없는 형이상학적 상태를 뜻하는 것이기 때문입니다.

인간 조건의 구성 요소,
깊은 개인성

우리는 물체stuff와 개체thing를 구분합니다. 물은 물체죠. 금도 마찬가지입니다. 금으로 만든 반지는 개체입니다. 하지만 그건 우연한 결과일 뿐이죠. 반지가 아닌 목걸이나 동상의 금박, 혹은 그냥 금괴가 될 수도 있었으니까요. 그 본질은 그것을 이루고 있는 물체로부터 비롯하며, 저 개체가 아니라 이 개체로 존재하는 것은 그저 사물의 역사 속 우연한 결과입니다. 우리가 살아가는 세상 속 어떤 것들은 **본질적으로** 개체입니다. 동물의 존재 개념이 바로 그렇죠.

저의 애마 데스문드는 특정한 말입니다. 물, 살, 피 같은 다양한 물체로 구성되어 있지만 본질적으로 이 개체이며, 이 개체이기를 멈추는 순간 존재하기도 멈추게 됩니다. 데스문드는 언젠가 개체로서의 형상을 잃게 될 것입니다. 데스문드는 오랜 시간 다양한 형태 변화를 겪으면서도 동일한 개체로서 정체성을 유지해 왔죠. 바로 그렇기에 보에티우스나 아퀴나스의 개념을 빌자면 개별적 실체individual substance입니다.

데스문드는 돌보다 더 개별적이며 불가분적입니다. 가령 돌은 둘로 쪼개도 한 조각의 돌이 아닌 두 조각의 돌이 되며 다만 그 구성이 달라졌을 뿐 여전히 돌이라는 점에서 같습니다. 하지만 데스문드를 반으로 쪼갠다고 한 마리가 두 마리가 되지 않죠. 그냥 말을 잃게 됩니다. 데스문드라는 말이 사라짐으로써 이 세계는 존재론적으로 보다 빈곤한 곳이 되어버립니다.

하지만 동시에 데스문드의 개별성이란 저의 그것에 비하면 얕다고 할 수 있습니다. 저는 데스문드처럼 개별적 동물에 지나지 않을 뿐인 무언가가 아니니까요. 저는 스스로에게 통시적 개별성을 지니는 존재라는 정체성을 부여합니다. 저는 제 과거에 대해 책임을 지고 미래에 대한 약속을 내놓죠. 저는 이 세계를 저의 활동 반경으로 여깁니다.

제가 이런 식으로 활동하는 것은 스스로를 '나'로 호명할 수 있는 피조물로서 인간 조건의 일부인 깊은 불가분성의 표현인 것입니다. 이러한 깊은 개인성은 함무라비 법전에서 페트라르카Petrarch의 소네트에 이르기까지 드러나고 있었으며, 빅토리아 시대풍 묘비석에 또렷이 적히는 것으로서 인간 조건의 구성 요소이자 우리의 모든 희망과 공포, 행복을 정의할 수 있게 해주는 전제입니다.

저는 우리가 고립된 원자처럼 타자에 대한 고려 없이 자신의 만족을 갈구하는 존재라고 이야기하는 것이 아닙니다. 우리가 지난 장에서 나누었던 논의가 옳다면, 깊은 불가분성은 분명히 그 자체로 **사회적** 조건입니다. 불가분성을 지닌 개인들이 관계를 형성하고, 책임을 인지하고, 스스로에게 1인칭 시점을 적용한 결과 불가피하게 타인을 2인칭 관점으로 바라보게 되는 등, 이 모든 것이 있음으로써 비로소 가능한 조건인 것이죠. 그러니 분명 우리는 타자와 어떻게 함께 살아갈 것인지, 다른 이들과 기꺼이 돕고 살기 위해 우리의 감정과 습관을 어떻게 융합해야 할지, 이런 고민을 피할 수 없는 것입니다.

사회적 관계 속
도덕 감정을 주목하라

우리의 선호를 충족하고자 하는 길을 누군가 가로막고 있다 해도, 우리는 그 방해자를 그저 밀어내고, 원하는 바를 움켜쥐고, 나와 같은 것을 선호하는 이들의 주장에 귀를 막아버리는 식으로 굴지 않습니다. 그런 식으로 행동하면 우리는 적개심, 원한, 처벌하겠다는 위협 등에 직면하게 되겠죠. 남을 비난하는 행동은 경쟁이 낳는 자연스러운 곁가지 같은 것이며, 비난받은 우리는 변명하거나 사과하거나 참회의 행위를 통해 대응합니다.

만약 이러한 조치가 뒤따르지 않는다면 사회적 조건이 달라지게 되죠. 이제 공격받은 이는 상황을 다른 방식으로, 본인이 이웃과 전쟁 중이라고 생각할 겁니다. 도덕적 대화는 의지의 직접적 충돌 앞에 고개를 숙이게 되죠. 동물의 왕국에서는 경쟁자들이 영역이나 짝짓기 상대를 두고 벌이는 이런 직접적 충돌이 정상적인 상태입니다. 더 약한 쪽이 항복하고 패배의 신호를 보낼 때까지 충돌이 계속되죠.

하지만 어떤 침해를 겪었을 때 우리가 즉각 폭력을 휘두르는 대신 우선 비난을 한다면, 이는 상대에게 배상의 기회가 주어진다는 말과 같습니다. 폭력은 가로막히거나 밀려나고, 가톨릭 교회가 고해라는 과정으로 잘 형상화한 어떤 절차가 시작될 수 있는 것입니다. 죄 지은 자는 우선 공동체에서 밀려났다가, 속죄와 참회와 보속을 통해 그 과오를 용서받게 되는 것이죠. 내부의 갈등을 이런 식으로 해소할 능력이 있는 공동체는 오직 폭력에만 기대는 집단에 비해 분명한 상대적 우위를 지닐 것입니다. 이렇게 우리는 다시 한 번 우리의 도덕적 반응에서 지향성이 차지하는 자리를 빼앗고, 도덕적 반응의 바탕을 이루는 이유와 추론도 배제해 버리고 마는, 우리의 도덕적 삶을 "적응"으로 설명하는 이야기의 시작을 목격하게 됩니다.

동물 집단에도 갈등을 피하고 극복하는 방법이 있는데, 그것은 어떤 면에서 제가 앞서 묘사한 것과 닮은꼴입니다. 말이 귀를 뒤로 젖히고 개는 으르렁거리는 등 위협을 보여주는 행태는 잠재적 대상에게 경고를 가함으로써 폭력의 발생을 예방하지요. 영역과 짝을 두고 끝까지 싸우는 대신 항복하는 행태 역시 마찬가지로 생명 보존에, 따라서 결국 유전자 보존에 도움을 줍니다.

로렌츠는 공격성은 많은 경우 동족을 향해 발휘되며, 다른 종이 아닌 같은 종을 향한 공격성이 드러나고 조율되는 방식은 인간이 사회적 규율을 형성하는 방식과 유사하다고 주장했습니다.[2] 처벌, 타협, 화해와 거의 흡사한 여러 행위가 우리의 친척인 유인원 무리 속에서 관찰되고 있기도 하고요.[3]

이러한 유형의 행태들은 진화론적 적응의 산물입니다(어떤 생물들이 지닌 어떤 유전자가 그런 일을 하는지는 우리가 논의하려는 목적과 무관하므로 넘어갑시다). 하지만 이런 행태는 우리가 도덕적 감정을 통해 드러내는 추론과 이유를 제시하지 못합니다. 제가 누군가에게 해를 끼쳤고 그로 인해 마땅한 비난을 받고 있다면, 저는 그럴 만한 사유를 제시해야 할 겁니다. 그리고 우리는 그러한 결과가 피할 수 있었던 것인지 불가피한 것이었는지 여부를 듣고 직관적 판단을 드러내며 심층적인 대화를 나누죠.[4]

이러한 직관적 판단은 자의적인 것이 아닙니다. 그 잘못이 잘못을 저지른 사람의 **의지**에서 비롯한 것인지 따져보는 모종의 계산 위에 판단이 내려집니다. 거기서 더 나아가 그 잘못이 잘못한 이의 욕망, 의도, 계획에 따른 자연적 결과인지, 아니면 그 나쁜 결과 자체가 직접적으로 의도된 것인지 등을 헤아리지요. 여기서 마땅한 변명을 할 수 없다면 잘못한 이는 비난하는 이들에 맞서 (그것은 대응이라기보다 회피겠지만) 관계 단절을 택하던지, 아니면 용서를 구하기 위해 노력을 기울이게 됩니다.

용서는 자의적으로 제공될 수 없고 모든 이에게 주어질 수도 없는 것입니다. 그런 식이면 용서는 옳음과 그름의 분별을 거부하는 일종의 무관심이 되어버리겠지요. 용서는 어떤 잘못이 벌어졌다는 것을 알고 있는 사람만이 자신이 어떤 잘못을 저질렀다는 것을 알고 있는 이에게 진심을 담아 제공할 수 있는 것입니다. 만약 여러분을 상처 입힌 사람이 용서를 구하려는 노력은 하지 않고 자신을 용서하고자 하는 여러분의 시도를 되려 웃음거리로 삼는다면, 용서해 주고픈 마음은 얼어붙고 말 것입니다.[5] 하지만 만약 그 사람이 사과하고, 자신이 끼친 피해에 대해 적절한 유감의 표시를 한다면 화해를 향한 절차가 시작될 수 있고, 결국 용서에 다다를 수 있을지 모릅니다.

여기서 중요한 건 적절함proportionality이라는 개념입니다. 누군가 당신의 자녀를 차로 치고는 "진심으로 죄송합니다"라고 한마디 내뱉고 사라진다면 그 사람은 당신의 용서를 받은 것이 아닙니다. 이와 같은 사례에서 유감의 짐을 전부 짊어지는 사람은 피해를 복구하기 위해 노력해야 할 뿐 아니라, 설령 내심으로는 불만이 있다 해도 자신이 타인에게 끼친 해를 온전히 인식하고 있다는 점, 그가 공동체의 일원으로서 자격을 회복할지 여부는 다른 이들의 선의에 달려 있다는 점을 보여주어야만 합니다.

우리는 모두 이런 사안에 대해 강한 직관적 판단을 내립니다. 이러한 논리의 흐름을 따라가지 못하는 이는 사회적 관계에 애로를 겪을 수 있으며, 심지어는 온전한 사회 활동이 불가능할 수도 있습니다. 물론 우리가 기록을 통해 확인할 수 있는 바, 행위자의 책임을 묻는 절차는 사법 체계에 따라 다릅니다.[6] 그럼에도 불구하고 그 모든 사법 체계는 규범을 위반한 사람의 의지 및 그가 제시할 수 있는 해명에 관심을 기울입니다. 가령 누군가를 의도치 않게 밀게 되었고 그 결과 부상이 발생한 것처럼, 본인이 아무 원인도 제공하지 않은 경우라면 책임을 추궁당하는 일은 극히 드뭅니다. 그리고 모든 사법 체계에는 행위자의 책임을 강화하거나 경감하는 제도가 개발되어 있지요.

'오염과 금기의 윤리'를
정확히 이해하기

하지만 이 규칙에는 흥미로운 예외가 있고, 그리스 비극에서 눈에 띄는 사례를 찾아볼 수 있습니다. 여기에는 신들이 친히 내린 벌이기에 피할 수 없는 공격을 당한 피해자가 있습니다. 그럼에도 불구하고 그 벌은 잘못을 저지른 자가 부끄러워해야 할 대상입니다.

오이디푸스의 과오는 그가 공동체에 난입한 자임을 보여줍니다. 오이디푸스는 오염된 자이며 그렇기에 희생양으로서 알맞은 대상입니다. 오이디푸스는 테베에서 추방되고 그로서 도덕 질서의 규범이 회복되는데, 그리하여 테베 시민들은 그들을 묶고 있던 저주에서 풀려나 해방될 수 있었습니다. 오이디푸스는 테베 시민들 앞에서 치욕을 당하고 자신에게 주어진, 그에게 큰 고통을 안겨주며 오늘날 우리의 현대적 관점으로 볼 때는 아무리 봐도 부당하게 보일 수밖에 없는 처벌을 마땅한 것으로 받아들입니다.

이런 사례들을 살펴본 버나드 윌리엄스Bernard Williams는 여기서 사용되는 책임이 오늘날 우리를 짓누르고 있는 것과는 또 다른 개념이라는 주장을 펼쳤습니다.[7] 이는 우리가 책임을 배분하는, 혹은 무언가에 대해 칭찬하고 비난하는 반응을 유도해 내는 자연스러운 추론의 형식이 있을 것이라는 생각에 의혹의 눈길을 던지는 것처럼 보이죠.

우리는 그리스 비극을 고찰하며 두 가지 충격적인 사실을 목격하게 됩니다. 첫째, 비극적 잘못은 정화하거나 씻어내지 않는다면 다른 이들에게 **전염**될 수도 있을 **오염**으로 여겨집니다. 둘째, 그렇게 묘사되는 상황은 우리의 가장 깊숙한 곳의 감정을 자아내는데, 우리는 그 감정이 발생하는 진정한 이유를 알지 못합니다. 물론 이런 사실을 놓칠 사람이 아니었던 프로이트는 여기에 꾸준한 관심을 보여왔습니다. 그리스 비극에서 우리는 개인적 선택 영역의 밑에 깔린 인류학적 지층인, 오래된 형식의 도덕적 사고의 퇴적물을 목격하게 됩니다.

메리 더글러스Mary Douglas 이후 인류학자들은 이러한 사고방식을 "오염과 금기의 윤리"라 부르고 있습니다. 도덕적 과오의 발생을 말 그대로 오염처럼 바라보는 것입니다. 성적 관계, 가족 관계에서 순결과 정화가 강조됩니다. 사람들을 벌하는 방식도 지금과 다릅니다. 그들을 본인 행위에 책임 있는 주체로 보면서 공동체에 기여하며 용서를 구할 길을 열어주는 대신, 일단 공동체 밖으로 내쫓은 후 어떤 정화 행위를 통해 그들의 상태가 달라질 때에만 다시 받아들여 주는 식이죠.

오래도록 은폐되어 있던 어둠이 번개 불빛으로 잠깐 드러나는 것처럼 우리는 고대 그리스 비극이 상연되던 극장을 통해 수렵 채집민의 동굴에 잠깐이나마 들어갔다 오는 것이라고 말할 수 있을지도 모르겠습니다. 연극은 노여운 혼을 불러내 잠깐이나마 보이게 만들어 주고, 신비로운 정화의 과정을 통해 몰아내는 일종의 엑소시즘에 해당하겠지요. 이렇듯 고대의 공포를 다시 찾는 것은 그것을 극복하는 과정의 일부이며, 이는 우리 스스로 만들어 내는 비극적 예술이나 종교적 의례와도 같은 역할을 수행하는 것입니다.

우리가 윌리엄스의 견해를 따라, 개인의 의지를 중심에 두고 형성된 우리의 상호인격적 도덕은 그저 도덕 감정의 한 가지 가능한 구현 형태에 지나지 않는다고 가정해 보는 것은 물론 합리적인 일입니다. 이러한 사례를 다른 시간과 공간에 일반화해서 적용하려면 주의를 기울여야 하겠지만 말이죠. 그럼에도 불구하고, 사람들이 동료들 앞에서 심판을 받고, 책임을 전가하며, 평계를 대고, 처벌의 올바름과 그릇됨을 따지는 방식과 모습에 역사적으로 다양한 차이가 있음을 고려하더라도, 이러한 현상이 보편적으로 관찰된다는 것, 오염과 금기의 윤리와 책임의 윤리의 차이는 절대적인 구분선으로 나뉜다기보다 어디에 강조를 두느냐의 문제에 더 가깝다는 것을 간과해서는 안 될 것입니다.

도덕적 공동체의 일상적 질서 속에서 책임의 분배는 의지의 판별과 상응하며, 그 의지란 자아로부터 발현되어 이성에 응답하는 우리의 활동이 지니는 측면으로 이해됩니다. 그 질서는 오직 신들이 개입할 때만 교란될 수 있는 것이지요.

개인의 도덕 감정과
'공통법'의 관계

근대 개인주의적 공동체에서 분쟁은 당사자 외 누군가의 독재를 통해 해소되지 않습니다. 집단적 행동을 위한 첫 번째 원칙은 명령이 아닌 협동이고요. 역사를 보면 이는 인류가 공동체를 이루고 산 이래 늘 그래왔던 규범이라 할 수 없겠지만, 우리는 사회적 본능에 이끌려 이와 같은 상황에 도달하게 되었고, 법적으로 합당하게 여겨지는 적법성의 기준이 그에 맞춰진 것은 계몽주의가 남긴 수많은 귀중한 유산 중 하나입니다. 개인에게 주권이 있다는 생각, 개인들이 스스로의 동의에 의해 정부에 적법성을 제공한다는 발상은 도덕적 존재로서 살아가는 우리의 일상적 행동 양식을 일반화한 것입니다.

심지어 독재 정부하에서조차 사람들은 서로 합의를 통해 갈등을 조절하고, 약속을 지키며, 협상을 하고, 잘못을 저지른 이에게 처벌을 가하고자 하죠. 마치 〈베니스의 상인〉에서 그랬던 것처럼 협상은 위험할 수도 있고 법은 곧이곧대로 지킬 수 없을만치 유연하지 못할 수도 있습니다. 하지만 이 연극이 다양한 방식으로 보여주다시피, 인간은 정치적 상황이 어찌 됐건 개인의 주권에 동의하고 존중하며 관계를 다져나가고 또 그러한 방식으로 주권을 이룩해 나갑니다.

도덕적 공동체에 대해 제가 지금껏 묘사해 온 바는 사법 체계에 대한 것으로 손쉽게 해석될 수 있습니다. 분쟁과 갈등이 공정한 판관 앞에 주어지고, 자연적 정의의 고전적 원칙*에 따라 해결되며, 편견을 회피하고 공정한 심문을 받을 권리를 옹호하는 그런 일반적인 법체계 말입니다.

이러한 방식으로 우리의 분쟁을 해소하는 것은 도덕적 질서에 자연스레 딸려 있는 무언가로 보일 정도죠. 마치 영어권의 보통법 전통에 깔려 있는 원칙들이 갈등에서 해법을 찾아 협상하려는 수많은 노력에서 비롯하였듯이 말입니다. 예컨대 아래에서 제시되는 모든 원칙들은 무기를 내려놓고 대신 해법을 찾으려는 모든 이들에게 받아들여질 것입니다.

1. 어떤 사람을 정당화하거나 비난하는 기준은, 동일한 상황에서, 다른 사람에게도 적용되어야 한다.
2. 권리는 존중되어야 한다.
3. 의무는 충족되어야 한다.
4. 합의는 명예롭게 지켜져야 한다.
5. 분쟁은 폭력이 아닌 합의를 통해 해결되어야 한다.
6. 타인의 권리를 존중하지 않는 이들은 자신의 권리를 박탈당한다.

이러한 원칙들의 정당성은 협상이라는 개념 그 자체에 있을 뿐이며 이 원칙을 받아들이는 사람의 상황에 따라 변하지 않기에, 이는 "자연법"이라는 분야의 기초 원리로 여겨지고 있습니다.

《도덕감정론》에서 "불편부당한 관찰자"가 우리의 도덕적 의무의 진정한 심판이라고 주장할 때, 애덤 스미스가 염두에 두고 있던 것도 분명 이와 유사한 무언가였을 것입니다.[8] 무엇을 해야 할지 스스로에게 질문할 때, 우리는 **다른 사람**이 무심한 눈으로 우리의 행동을 바라보면 어떻게 생각할지 가늠하며 사고의 유희를 즐기죠. 만약 제가 주장하는 것처럼 자기 인식하는 행위자의 책임 있는 행태가 도덕성의 뿌리라면, 이는 우리가 기대할 수 있는 바로 그것입니다. 우리가 반드시 충족해야 할 기준은 불편부당한 타자에 의해 설정되는 것입니다.

● 영국 법체계에는 역사적으로 '모든 사람에게는 편파적이지 않은 재판을 받을 권리가 있다'는 의식이 발견된다. 중세 이전까지 거슬러 올라가는 이러한 원칙을 영어권에서는 자연적 정의natural justice라 부르며, 이는 훗날 적법절차의 원리 등으로 발전하였다.

트롤리 문제,
피터 싱어가 무시한 도덕적 상식

어떤 유형의 철학자들은 제가 지금까지 그려온 논증에서 비롯하는 도덕적 삶의 개념들을 "의무주의적deontological"이라 부를 수도 있을 것입니다. 말하자면 그들이 볼 때 저의 주장은 도덕적 추론의 근간에 전체적인 선의 개념보다 개인적 의무를 앞세우고 있다는 것이죠.

저의 관점은 그 지점에서 가령 피터 싱어나 (그보다는 좀 더 섬세하지만) 데렉 파핏Derek Parfit의 최근 저작에 담겨 있는, 요즘 유행하는 사고방식과 달라집니다.⁹ 파핏에게 도덕성이란 우리의 의무에 대해 고려하는 것이지만, 모든 의무는 결국 단 하나의 의무인 '선한 일을 하라'는 것으로 환원됩니다. 달리 말하자면 장기적으로 최선의 결과를 약속하는 "최적화된optimific" 원리에 따를 의무만이 남는 것이죠.

이 결과주의 사상가consequentialistist thinker들에게 모든 도덕적 문제는 결국 계산의 문제가 됩니다. 구체적이고 역사적인 권리와 의무의 결합으로 우리를 묶어주는 관계의 그물망은 이들의 계산 앞에서 결코 안전할 수 없습니다. 물론 다른 사람들이 모두 우리에게 동등하게 중요할 수는 없고, 우리를 향한 수많은 요구들 중 어떤 것은 더 크고 어떤 것은 작을 것이며, 요구에 따른 보상도 서로 다르고 그 강도 또한 천차만별일 것입니다. 하지만 **그 속에서 관건이 되는 것**, 다시 말해 우리에게 도덕이 무엇을 요구하는가를 고찰할 때, 결과주의적 사고방식을 지닌 이들에게 그러한 사실은 관심사 바깥으로 밀려납니다. 타인을 향한 자격을 논할 때, 인간 조건의 더 추상적이고 근본적인 부분을 논할 때에만 다시 등장할 뿐이죠.

싱어나 파핏, 그 외에 우리 시대에 목소리를 내는 많은 이들에게 선한 사람이란 자신이 마주한 모든 도덕적 딜레마 앞에서 최선의 결과를 추구하는 사람입니다. 그래서 그들은 자신들의 입장에 가장 잘 부합하도록 "트롤리 문제"나 "구명선 문제" 같은 형식의 딜레마를 두고 토론하죠. 도덕성은 달려오는 철로 위의 트롤리를 이쪽으로 보낼 거냐 저쪽으로 보낼 거냐라던가, 모든 사람을 구할 수는 없는 상황에서 이 사람들을 살릴 거냐 저 사람들을 살릴 거냐 같은 문제의 답을 제시해 주는 무언가가 되어버리고 맙니다. 이런 "딜레마"는 도덕적으로 유의미한 모든 관계가 소거된 상황에서 도덕이 오직 어떤 계산을 하느냐의 문제로 소거되어 버릴 때 유용한 특징을 지니고 있고요.

하지만 평범한 사람들이 아이들에 대해 품고 있는 사랑만 고려해 보더라도 이런 공리주의적 계산기의 회로는 다 타버리고 맙니다. 파핏에게는 아이들에 대한 사랑이 그저 또 다른 구명선 문제에 지나지 않지만요. 그는 책에서 이렇게 쓰고 있습니다.

"최적화된 원칙이라 해서 자신의 아이보다 낯선 이를 구해야 할 필요성을 부여하는 것은 **아니다**… 만약 모든 사람이 그런 요구조건을 받아들이고 많은 이들이 그에 따른다면 더 많은 사람들의 생명을 구할 수도 있을 것이다. 하지만 그런 행동을 하기 위해 필요한 동기를 우리 모두가 지니고 있다면 그로 인한 악영향은 더 많은 생명을 구함으로써 발생하는 긍정적 효과를 압도하고도 남을 것이다. 우리가 우리의 아이 하나보다 낯선 사람 여럿의 목숨을 구하는 것이 옳으려면 자식에 대한 우리의 사랑이 훨씬 더 약해져야만 할 것이다."[10] 그리하여 장기적으로 수많은 악영향이 발생할 수 있다고 파핏은 주장하고 있지요.

이 추론에서 우리는 파핏이 상식에 부합하는 결론을 내고 있음에도 불구하고, 상식의 토대가 되는 의무 개념을 철저히 무시하고 있다는 점에 주목해 볼 필요가 있습니다. 아이들에게는 우리에게 도움을 요청할 권리가 분명한 반면 다른 이들은 아이들만큼 그렇지 않다는 점, 그리고 그 요구만으로도 **이미** 우리는 아이들이 도움이 필요할 때 그들을 구해야 할 이유를 지니고 있는 셈이며 그 이상의 논쟁은 필요하지 않다는 사실이 여기서 무시되고 있지요.

파핏이 상상하고 있는 상황은 그의 비교 판단의 수단으로 제공되는 허깨비 산수를 위해 진짜 인간을 무시하고 있다고, 누군가는 말할 수도 있을 것입니다.

도덕은 결코
계산의 문제가 아니다!

다른 한편 우리가 비교 판단을 하는 것, 그리고 사리에 부합하는 비교 판단은 결과주의의 강력한 논증 도구가 된다는 것은 사실입니다. 칸트 같은 의무주의적 도덕론은 때로 우리가 지닌 비교 판단 사고와 거리가 멀고 그러한 사고방식을 설명할 때 큰 어려움을 겪곤 하지요. 가장 급박한 도덕적 딜레마를 겪을 때 우리는 두 가지 행동 중 무엇이 **더 나을지** 혹은 여러 개의 행동 중 무엇이 **최선일지**를 <u>스스로</u>에게 묻곤 합니다. 이런 것은 결과주의적 관점에서 볼 때 쉽게, 어쩌면 너무도 손쉽게 다루어질 수 있는 것들이죠.

결과주의자들은 도덕적 추론을 경제학적 추론처럼 취급하며 때로는 선호 순서나 총합의 관점에서 자신들의 생각을 설명하곤 합니다.[11] 그러니 우리의 도덕에 대한 논의에 가능한 한 많은 수학을 접목시켜서, 조르주루이 르클레르 뷔퐁^{Georges-Louis Leclerc Buffon}이 이 주제에 대해 말한 표현을 빌자면 "도덕적 산술"로 재서술하고픈 충동이 드는 것도 당연합니다.[◆] 파핏에게는 트롤리 문제가 바로 그런 것이죠. 더 많은 사례가 제시될수록, 수학이 더 큰 비중을 차지할수록 그런 도덕 이론이 평범한 도덕적 사고와 맺는 관계는 점점 더 뒤틀려 갈 뿐입니다.[12]

파핏이 던지는 사례 하나를 살펴보겠습니다. "우리가 A를 택하면 톰은 70년, 딕은 50년을 살고 해리는 존재하지 않는다고 하자. 우리가 B를 택하면 톰은 50년, 딕은 존재하지 않고, 해리는 70년을 산다고 하자."[13] 그렇다면 우리는 A를 택해야 할까요, 아니면 B를 택해야 할까요? 인정사정 없이 독자들을 몰아붙이며 이런 식의 주제들을 연이어 고찰하게끔 하는 파핏은 이성이 본질적으로 **인격적**이라는 토머스 스캔론Thomas Scarlon의 주장이 우리가 도덕적 선택을 해야 하는 그 수많은 경우를 모두 설명할 수는 없다고 주장합니다.[14]

하지만 이런 사례들은 우리가 실제로 마주치는 도덕적 딜레마와 완전히 다른 것이며, 다만 그 딜레마를 만들어 낸 사람들이 얼마나 계산에 집착하고 있는지에 따라 만들어져 있을 뿐이라는 사실을, 그들이 도입한 [수학적] 정교함으로 모두 가릴 수는 없을 것입니다. 스캔론이 말했다시피 진짜 딜레마는 우리가

● 조르주루이 르클레르 뷔퐁. 프랑스의 수학자, 박물학자, 철학자. 삼촌이 사망하며 막대한 유산을 상속한 후 평생 과학 연구와 저술에 몰입했다. 총 36권에 달하는《박물지 Histoire naturelle, 36 vol.》가 주요 저작으로 남아 있다. 계몽주의적 관점에서 과학을 종교로부터 분리하고자 했다. 여기서 스크루턴이 언급하는 것은 뷔퐁이 1777년 내놓은 "도덕 산술에 대한 에세이Essai d'Arithmetique Morale"로, 뷔퐁은 확신, 확률, 돈의 도덕적 가치, 그 외 다양한 이득과 손실을 등급별로 나누어 계산할 수 있으며, 반복되는 실험을 통해 어떠한 게임이 도덕적 가치를 지니는지 역시 알아볼 수 있다고 주장했다. 오늘날 뷔퐁을 자신들의 도덕적 사고방식의 시조로 제시하는 철학자는 드문 편이나, 스크루턴이 이 책을 통해 반박하고 있는 사고방식의 단초를 보여주었다고 평가할 수 있다.

서로에게 빚지고 있다는 사실로부터, 혹은 제가 빌려와서 쓰고 있는 용어에 따르면 우리가 서로를 불러내고 책임을 묻는 방식으로부터 나올 것이기 때문입니다.

도덕적 판단을 허깨비로 만들어 버리는 이런 유형은 트롤리 문제의 세계 속에서라면 버틸 수도 있겠지만, 이는 인격과 인격이 만나는 현실로부터 괴리된 채 존재하며 수학적 고찰에 의존하게 됩니다. 책상물림 철학자가 도덕적 감정의 평범한 출처를 배제한 채 생각한 결과물이라는 게 그 이유 중 일부일 겁니다.

도덕적 추론을 하며 비교하게 된다는 것을 부정하는 게 아닙니다. 카렐린을 버리고 떠나는 게 옳은지 그른지 안나 카레니나가 스스로에게 물을 때, 안나는 두 행동의 경로 중 무엇이 나을지 비교하며 묻고 있는 거죠. 하지만 비교 판단을 하고 있을지언정 안나의 문제가 계산으로 해결될 것은 아닙니다. 안나는 남편과 아이에 대한 의무와 브론스키에 대한 사랑 사이에서 둘로 쪼개져 있습니다. 그가 처한 딜레마는 그 특정한 상황과 분리할 수 있는 것이 아닙니다. 앙심을 품은 남편의 마음은 차갑게 식었고, 아들은 엄마에게 지극히 헌신하는데 안나는 경솔한 브론츠키의 과오를 알고 있지요.

이런 유형의 딜레마는 우리가 서로에게 의무와 애착으로 묶여 있어서 존재하는 것이기에, 이걸 도덕적 계산으로 풀 수 있다고 생각하는 것 자체가 나쁜 사람이 되는 한 가지 방법입니다. 안나가 이런 식으로 추론을 했다고 생각해 보세요. '두 젊은 사람을 만족시키고 늙은 사람 하나를 실망시키는 것이 한 늙은 이를 실망시키고 젊은이 둘을 실망시키는 것보다 나아. 말하자 면 2.5대 1이지. 고로 나는 떠나겠노라.' 이런 식이었다면 우리 는 안나 카레니나가 도덕적으로 진지한 결정을 내렸다고 생각 할 수 있었을까요?

결과주의자로부터
도덕적 감각을 구출하기

이것은 "최적화 원칙optimific principle"이라는 개념이 그 자체만으로도 이상할 뿐 아니라 결과주의자들이 해야 할 일을 수행하는데도 부적합하다고 볼 수 있는 이유 중 하나에 지나지 않습니다. 트롤리나 구조선을 내던져 버리고 생각해 보면, 구체적인 사안에 대한 것이건 언제 원칙을 적용해야 하느냐 하는 것이건 우리가 "최선"의 결과를 계산할 수 있는 경우는 매우 드뭅니다.

우리 행동의 결과는 시간적·공간적으로 확장되어 나가죠. 최선의 의도가 최악의 결과로 우리를 이끌 수도 있습니다. 가치관은 다양하며 서로 갈등하기 일쑤입니다. 아름다움, 우아함, 존엄성이라는 가치를 어떻게 조화시켜야 할까요? 혹은 이 모든 것들은 행복을 향한 추구의 일부로 여겨야 하는 걸까요? 파핏이나 싱어가 이런 질문에 어떻게 대답하고 있는지 알 길이 없습니다. 그들의 저술은 행복에 무엇이 포함되는지, 어떤 잣대로 측정되어야 하는지, 혹은 인간 존재가 미적이고 영적인 가치에서 무엇을 얻는지 등에 대해 다루는 도덕적 심리학을 결여하고 있기 때문입니다.

더구나 이 두 철학자 모두 결과주의적 사고방식이 현실에서 낳은 결과를 간과하는 경향이 있습니다. 현대의 역사는 "최선"

의 전망에 영감을 받아 움직였던 사람들의 사례를 숱하게 제시하고 있습니다. 제대로 이해하기만 한다면 모든 이성적 존재들이 그들의 전망을 따를 것이라고 믿었던 사람들이지요.

《공산당 선언》은 그런 전망이 담겨 있는 글 중 하나입니다. 공산당 선언은 "최선"의 전망을 제시하고, 모든 이들이 그 안에 담긴 완전무결한 논증을 이해하기만 하면 부르주아를 포함한 모든 사람들이 그 전망에 따를 것이라고 주장하고 있지요. 혁명의 길을 가로막는 자들은 본인의 이익에 따르고 있지만 동시에 비이성적인 사람들입니다. 모든 이들이 세상의 법칙이 되기를 바라는 원칙에 대해 진지하게 고민해 본다면 아마 입장을 바꿀 것입니다. 그들이 올바른 사고를 하지 못하는 것은 그들의 이해관계 때문이니 폭력적인 혁명은 필요하고 불가피합니다.

이러한 생각을 종이에서 현실로 옮겼던 레닌과 마오쩌둥은 트롤리 문제에 능숙했습니다. 그들은 언제나 자신들의 입맛에 맞는 도덕적 계산을 통해 역사라는 트롤리의 방향을 바꾸며 가능한 희생자 집단을 선택했습니다. 다리에서 뚱뚱한 남자를 밀어야 할 상황도 어렵지 않았습니다. 다리에서 떠밀릴 누군가가 언제나 대기 중이었으니까요. 그 결과 [러시아와 중국이라는] 두 위대한 사회가 소멸해 버렸고 그 밖의 우리들 역시 돌이킬 수 없는 피해를 입었습니다.

장기적으로 볼 때 최선일 수 있는 문제에 골몰하면 보다 나은 결과를 얻을 수 있을 것이라고 전제하는 이유가 대체 무엇인가요? 더구나 결과주의의 바탕에는 오류의 가능성, 아니 차라리 개연성이 내재되어 있는데, 이는 과오를 지적 오류로 바꿔버리면서 변명의 여지를 준다는 점에서 거부되어야 마땅한 것 아닐까요? 제1차 세계대전의 참화를 돌이켜보며 "내가 바랐던 것이 아니야Ich hab' es nicht gewollt"라고 말했던 독일의 황제 빌헬름 2세는 레닌이나 마오쩌둥이 "실수"를 했다고 대신 변명하는 그 모든 이들과 마찬가지로 결과주의자였던 것이지요.

여기서 우리는 동기의 문제로 되돌아가게 됩니다. 도덕성이란 어떤 면에서 볼 때 우리가 서로 협상하며 살 수 있게 해주는 개념들을 제공하기에 존재한다는 것이 이 책에서 제가 펼치는 논의의 근본을 이루는 직관입니다. 그런 일이 가능한 것은 우리의 행동에 이유가 있으며 이유에 반응하기 때문입니다. 우리는 주변인에게 불쾌감을 유발할 때 우리의 행동을 정당화하고자 하죠. 그러므로 불편부당하고 보편적이며 규범으로 작동할 수 있기에 다른 이들도 받아들일 수 있는 원칙에 도달해야 하는 것이 우리의 책무 중 일부가 되는 것입니다.

잘못을 저질렀을 때 우리는 스스로를 탓하며, 선량한 사람들은 남의 잘못보다 스스로의 잘못에 조금 더 가혹합니다. 우리는 우리에게 의존하는 이들과 우리가 의존하는 이들을 향한 의무를 절감하며, 그렇게 만들어지는 책임의 영역 한복판에 서 있는 우리는, 우리 자신에게서 뻗어나가는 그 책임의 자장이 다른 사람의 그것과 만나 상쇄되는 것을 알게 됩니다.

우리의 도덕적 원칙은 우리에게 무언가를 요청하는 이들, 휴대용 도덕 계산기에 무언가를 입력해서 결과를 얻어내는 능력이 아니라 우리 자신의 미덕과 악덕에 더 관심이 큰 그런 이들과, 얼굴을 맞댐으로써 도달하는 인격적 관계의 침전물입니다. 그러니 스트로슨이 말하는 "반향적 태도reactive attitudes"가 우리 도덕 감정의 근간을 이루게 됩니다. 죄책감, 존경, 비난 등을 포함한 그 모든 것은 궁극적으로 그 뿌리라 할 수 있는 나-너 관계의 지울 수 없는 흔적을 담고 있지요.[15]

갈등 상황에서 누군가를 옹호하고 갈등을 해소하는 것에만 방점을 찍고 있는 한 우리는 도덕 감정과 연루된 모든 것을 다룰 수 없습니다. 그것을 넘어서서 바라보아야 하지요. 도덕성은 각각의 인격적 만남을 관할하며, 그 힘은 서로에게서 뿜어져 나옵니다. 그러므로 도덕적 행위의 동기를 찾고자 할 때 우리는 스스로를 1인칭으로 정체화하고 있는 이와, 그 1인칭에게서 호명되고 있는 타자의 관계를 이해해야만 합니다. 다시 말해, 제가 2장에서 서술한 바 뻗어나가는 지향성에 기반한 관계를 살펴야 한다는 것이지요. 계약은 이러한 "초월적" 조우의 특수한 경우로 발생합니다. 하지만 계약만이 유일한 경우는 아닙니다. 사람들은 다양한 방식으로 서로 기대며, 도덕성의 관점

에서 볼 때 가족관계, 전쟁, 자선 의무, 낯선 이를 향한 정의로
운 대접 등 가장 중요한 것은 비계약적 형식의 의존인 경우도
흔하기 때문입니다.

아리스토텔레스에게 찾은
도덕적 삶의 열쇠

아리스토텔레스가《니코마코스 윤리학》에서 자신의 용어로 정의한 도덕적 삶의 개념을 되짚어 보면 이 사안을 새롭게 조명해 볼 수 있습니다. 그의 개념에 따르면 도덕적 삶의 열쇠는 미덕 virtue이고, 아리스토텔레스에게 미덕이란 반대를 이겨내면서 이성이 권하는 바에 따를 수 있는 능력입니다. 이는 제가 지금껏 써온 언어를 통해 이렇게 표현될 수 있겠죠. 미덕은 자신의 행동, 지향, 선언을 포기하거나 비난하게끔 하는 그 모든 동기에 맞서 완전한 책임을 지는 능력으로 이루어져 있다고 말입니다.

우리는 오직 이성에 의해서만 추동되는 초월적 주체가 아니라 동물의 공포와 욕구를 지닌 인간 존재이기에 스스로를 탈중심화하는 욕망에 둘러싸여 있고, 미덕의 능력은 그 속에서 우리가 스스로의 삶과 감정의 중심에서 1인칭 인격체로 유지하여 버텨낼 수 있게끔 해줍니다.

고대의 사상가들은 용기, 신중, 절제, 정의라는 네 개의 추덕 樞德을 구분 지었으며, 사추덕에 대한 설명은 수정되고 보완을 거치면서 시간의 시험을 견뎌냈습니다. 용기는 가장 단순하고 분명한 사례를 제공합니다. 동료들의 곁에서 싸우는 군인은 동료들과 마찬가지로 부상과 죽음을 두려워합니다. 전투가 가장 치열하게 전개되는 그 순간 군인에게는 자신의 안위를 위해 도망치고픈 욕구가 생겨나겠지요. 하지만 그의 의무가 그것을 가로막습니다. 그의 의무는 버티고 싸워서 동료들을 지키고 명예를 누릴 수 있는 자격을 스스로에게 부여하는 것입니다.

군인의 의무는 누군가에게 진 빚과 같은 것인데, 겉으로는 국가, 대의, 이상을 향한 책무처럼 합리화되고 있다 해도 많은 이들이 확인해 주고 있다시피 실제로 군인이 가장 먼저 경험하는 것은 미국 해병대의 모토Semper fi, "언제나 충성을"에 표현된 것처럼 위험을 함께 나누어 지는 동료들에 대한 책임입니다. 이것은 계약적인 의무가 아니며, 그 내용을 어떤 "거래"로 요약할 수조차 없습니다. 서로를 향한 생생한 헌신이며, 군인들 스스로의 눈으로 판단되는 그런 의무인 것이죠.

이러한 환경 속에서 군인은 자신의 공포를 **억눌러야만** 하며, 오직 의무의 부름에만 응해야 합니다. 납득할 만한 행동의 이유가 "나"를 중심으로 합니다. 그 이유들은 내가 무엇을 하는지, 내가 나를 의탁하고 있는 이들의 눈으로 볼 때 어떠한 정당성을 지니는 것인지 설명해 주기에, 그렇게 내게 모인 이유들은 나의 행동 동기가 됩니다. 그런 이유들은 "내게 어떤 행동을 강제하는 힘"이 아니라 "나를 진정한 나로 만들어 주는" 무언가로부터 비롯됩니다.[16]

따라서 군인에게 공포란 극복해야 할 무언가가 되며, 이는 군인이 위험을 아무렇지 않게 대한다거나 두려운 상황을 무시해야 한다는 뜻이 아닙니다. 오히려 그런 이유가 있기에 그는 공포가 자신을 집어삼키지 못하도록 해야 하며, 자신과 세상의 눈에 걸맞도록 행동하게 되는 것이죠.

자아의 중심에서 느끼는
타인을 향한 책임

칸트주의자라면 이런 사례를 두고 그 군인이 이성에 따라, "의지의 자율성"에 비롯하여 행동 동기를 얻어야 한다고 주장할 것입니다. 군인이 그의 정당성과 동기를 함께 얻는 적합한 출처는 바로 그것이라는 이야기죠. 다른 동기들은 그 힘을 감정으로부터 얻고 있으며 감정은 의지 바깥에서 작용하므로 평가절하됩니다. 그런 동기에 길을 내주는 것은 "의지의 타율성"과 다를 바 없으며, 제가 2장에서 묘사했던 탈중심화와 같은 곳으로 향하고 마는 스스로에 대한 중죄라 하겠습니다.

자율적인 동기는 법과 유사한 성격을 지닙니다. 칸트에게 있어서 **당위**라는 말의 의미가 그렇습니다. 말하자면 어떤 행동이 필연적인 것으로 규정되어 있다는 것이죠. 우리는 정념을 통해 "자연적 인과causality of nature"의 주체가 되지만, 칸트에게는 "이성적 인과causality of reason"도 있으며, 이는 초월적 관점에서 비롯하는 것이기에 우리에게 자연적 인과와 다른 방식으로 작용합니다.

칸트의 치밀한 논증의 매듭은 풀어내기 까다로운 것입니다만 도덕의 특유한 힘에 대하여, 또한 의무가 우리를 자연의 질서로부터 벗어나게 해주는 지점에 대해 우리가 가지고 있는 직관의 많은 부분을 포착하고 있다고 볼 수 있습니다. 우리는 법의 통제를 받는 피조물이며, 설령 법을 어길 때조차 협상 불가능한 요구를 받고 있습니다. 우리에게 상충되는 관심사가 있으며 그것들이 우리의 경험적 관심사를 밀접하게 대변하고 있다한들 이성은 그 상충되는 이해관계를 억누를 수 있는 힘을 가지고 있으며, 우리는 그러한 이성의 통제를 받는 주체라는 전제하에 행동하고 있는 것입니다.

사실 우리는 군인이 처한 상황을 이해하기 위해 "이성적 인과"를 가정할 필요조차 없습니다. 우리가 알아야 할 것은 모든 사람이 그 군인이 그렇듯 의무감sense of obligation을 지니고 있다는 것뿐입니다. 약속이 주어졌고 그 약속을 받았다는 느낌, 그의 충성심에 기대고 있는 다른 이들과의 관계에 대한 느낌, 자신이 짊어진 책임에 대한 느낌 등 그 모든 것들이 그의 생각 속 어딘가에 저장되어 있는 것이죠.

이것들이 저장되는 곳은 '나'입니다. 나는 "명예롭게 행동하겠다"고 서약한 자이며, 군인 스스로가 누구인지 정의하게 해주는 뚜렷한 지위를 지니고 있습니다. 불명예스럽게 책임감을 더럽히는 것은 가능한 일입니다. 하지만 그 대가로 죄책감, 후회, 스스로 내리는 자신에 대한 부정적 평가 등이 따라오겠지요. 마치 소설가 조지프 콘래드Joseph Conrad가 그려낸 로드 짐의 망가진 인생처럼 말입니다.[17]

아리스토텔레스는 용기에 명예를 따를 수 있는 능력이 필요하다고 주장합니다. 공포와 분노라는 상충되는 요소를 이겨내야 한다는 것이지요. 또한 그 능력이 일종의 품성(그리스어로 hexis)이며, 우리의 내면에서 싸우는 다른 동기들과 다른 종류가 아니라고 주장합니다. 칸트와 달리 아리스토텔레스는 이성을 형이상학적으로 구분되는 동기라 보지 않았습니다. 반대로 이성이 명령하는 것을 따르는 품성이야말로 좋은 습관을 기르는 토대가 되는 진정한 동기이며, 칸트가 도덕적 삶의 중심이라고 본 바로 그 위치에 행위자를 자리 잡게 하는, 즉 의무에 반하는 정념이 있음에도 의무를 명예롭게 지키는 그런 동기라고 보았습니다.

아리스토텔레스는 또한 모든 사추덕이 용기와 같은 구조를 공유한다고 주장했습니다. 각각의 미덕은 이성이 명예롭거나 올바르다고 알고 있는 것을, 상반되는 정념과 직면해서도 추구할 수 있는 품성과 관련되어 있다는 것이죠. 그 품성은 모방과 다른 이에게 평가받을 수 있다는 자각을 통해 획득됩니다. 미덕은 우리가 칭송하는 품성이며 미덕의 부재는 비난의 대상이지요.

제가 지금껏 써온 표현을 동원하자면, 우리의 행동과 감정이 자아의 중심에 머무를 수 있는 것은 미덕을 통해서이며 악덕은 행위와 감정이 탈중심화되는 것, 나와 나의 과업이 더는 나의 중심에 있지 않고 내가 느끼고 행동하는 바를 결정하는 위치에 있지도 않게 된다는 것을 뜻하죠. 악덕이란 문자 그대로 자기 통제의 상실이며, 악한 사람이란 의무와 헌신이라는 측면에서 우리가 기댈 수 없는 사람인 것입니다.

선한 사마리아인이
과연 계산에 따라 행동했을까?

만약 우리가 도덕적 삶에 대한 이와 같은 큰 그림을 받아들인다면 싱어나 파핏 같은 결과주의자들의 처방이 일상적 도덕과 얼마나 동떨어져 있는지도 금세 알게 될 것입니다. 찰스 디킨스Charles Dickens는 《황폐한 집》에서 젤리비 여사라는 인물을 통해 그 점을 생생하게 그려냈지요.

젤리비 여사는 아주 기꺼워하는 태도로 선행을 하며 보리오불라가 원주민의 상황을 개선하는 일에 헌신하는 사람이지만, 동시에 본인에게 직접 의존하고 자신이 책임을 져야 할 대상, 특히 본인의 자녀들에게 무관심합니다. 게다가 보리오불라가의 족장이 젤리비 여사의 자원봉사자들을 납치해서 노예로 팔아버렸기에 젤리비 여사의 행동이 실제로 낳은 결과도 그 의도에 아무런 정당성을 부여하지 못했습니다. 이런 일이 벌어질 거라고 젤리비 여사가 어찌 알 수 있었겠습니까?

싱어처럼 세계를 개선할 방법에 대해 오랜 기간 열심히 고민해 온 대학 교수라 해도 주어진 정책의 결과를 계산하는 문제에서 젤리비 여사보다 나을 것이라고 볼 근거는 없습니다. 낙태, 안락사, 육식 등 싱어가 논의했던 주제들 중 몇몇을 떠올려 봅시다. 낙태가 허용된 사회의 장기적 행복을 낙태가 금지된 사회의 장기적 행복과 비교할 수 있는 방법이 대체 무엇일까요? 그저, 마치 파핏이 우리의 자녀들에게 구명선에게 자리를 내줘야 한다며 내놓았던 것과 유사한, 허약한 논증만이 가능할 뿐입니다. 게다가 그 논증은 마찬가지로 결과주의적인, 아기를 국가의 소유물로 만들어야 한다는 플라톤의 주장과 제대로 맞설 힘조차 없는 것입니다.

책임과 의존의 관계에 기반한 우리의 직접적 의무와 비교해 볼 때 결과주의적 논증은 자의적인 모습을 띠고 있으며, 논증의 신뢰도는 어떠한 결과가 나오리라는 가설에 기대고 있는데, 그건 잘 쳐줘도 희망회로보다 조금 나은 수준에 불과합니다.

우리가 행위의 결과를 무시해도 무방하다거나 도덕적 선택을 할 때 최선의 결과를 추구하지 않아도 좋다는 말은 아닙니다. 우리는 그런 측면에서도 평가를 받죠. 작고 사소한 의무를 무시하거나 건너뛰면 얻을 수 있는 게 자명한 어떤 선이 있음에도 불구하고 오직 의무에만 매달려야 한다는 뜻도 아니고요. 그보다는 우리의 도덕적 삶의 원동력이 의무에서 나오고 있는 만큼, 결과론적 사고방식은 후순위로 밀려나는 것이 옳다는 정도로 말할 수 있겠습니다.

이 점을 받아들이지 않는다면 우리는 순전히 머리로만 만들어진 도덕관에 도달하고 말지도 모릅니다. 어떤 행위건 그저 추론의 "실수"라고 변명할 수 있고, 남들이 우리에게 아무리 타당한 우려를 제기한다 한들 그것을 무시하고 행동하도록 권장하는 그런 도덕관 말입니다. 아니면 교수의 길을 걷는 대신 젤리비주의자가 되어 스스로에게 불가능한 짐을 끝없이 떠안기면서, "선한 일"을 하며 그 일에 헌신하는 대의에 묶여 힘과 열정을 쏟아 부을 수 있는 최선의 방법을 알고자 헛된 노력을 기울이게 될 수도 있습니다.[18]

예수는 "누가 나의 이웃이냐?"는 질문에 대해 선한 사마리아인의 비유로 대답한 바 있는데, 그 해석은 두 가지로 가능하며 흥미로운 대조를 이룹니다. 전통적인 독해에 따르면 예수는 우리에게 민족과 신앙의 구분을 무시하고, 불편부당하며 보편적인 방식으로 타인에게 선을 행하라는 가르침을 주었습니다. 우리는 사람과 공동체를 구분 짓게 하는 역사적으로 형성된 의무에 따르고 있는데, 이런 독해에 따르면 도덕적 딜레마에 대한 최적의 해법을 옹호하며 역사적 의무를 무시하는 결과론적 도덕성을 유도해 내는 것이 가능해집니다.

하지만 또 다른 독해도 있는데, 제가 볼 때는 그쪽이 더 설득력 있습니다. 사마리아인은 어떤 **특정한** 사람에 대한 **특정한** 의무와 맞닥뜨리게 되었다는 거죠. 그의 도움은 개인적인 필요에 대한 응답으로 주어졌습니다. 선의 총합에 기여한다는 발상에서가 아니라 지금 당장 도움을 요청하는 인간 동료를 향해 손길을 내민 거죠. 이 의무를 수행하면서 사마리아인은 응급처치

만으로는 부족하다는 사실을 깨닫게 되었습니다. 피해자를 여관에 옮기고 비용을 대납한 사라미아인은 볼일을 마치고 돌아오는 길에 들러 그가 잘 낫고 있는지 확인합니다. 사마리아인은 확고한 헌신을 하며 자신이 상황 전부를 지켜보아야 한다는 것을 인식합니다.

사마리아인의 우화에 대한 이 두 번째 해석은 제가 지금까지 말해온 바, 인격적 책임에 뿌리를 둔 도덕적 삶을 그려내고 있습니다. 첫 번째 독해를 따르자면 강도 피해자에게 응급처치를 해준 사마리아인을 두고 그렇게 많은 시간과 돈을 한 사람에게 쓰는 건 잘못된 일이며, 대신 그 돈을 보리오불라가 원주민에게 보내야 한다고 생각할 수도 있게 되겠죠.

인간의 공동체는
곧 인격체의 공동체다

이성적 존재인 우리는 서로 간의 분쟁을 조정하고 이해관계가 겹치거나 충돌할 경우 합의에 도달하기 위해 일종의 "권리와 의무의 계산"을 하곤 합니다. 정의의 개념은 이 계산에 속하고, 이 개념을 통해 사람들은 자신의 선택이 곧 법이 되는 개인적 주권의 영역을 주장할 수 있게 되죠. 그 말은 곧 제가 줄곧 옹호하고 있는 의무론적 도덕 속에서 권리와 보상 같은 개념들이 중요한 역할을 수행한다는 것을 뜻합니다. 우리의 권리와 보상을 규정함으로써 우리는 확인된 논점, 안전한 장소, 어떤 사람과 협상하고 동의할 수 있는지 등을 정의할 수 있게 되죠.

확인된 논점이 없다면 협상과 자유로운 동의는 이루어지기 어렵고, 설령 이루어진다 한들 그 결과는 안정적이지 못할 것입니다. 나에게 권리가 없다면 우리 사이의 협의가 실행되리라는 보장도 없습니다. 내 행위의 권역은 다른 이들에게 지속적으로 침해당하고, 또 나는 다른 이들을 불편하게 하면서 내 위치를 알게끔 하는 것 외에는 내 자리를 보장받을 방법이 없을 테니까요. 마찬가지로 보상의 개념이 없다면 처벌의 적합과 부적합에 대한 질문에 명확한 답을 제시하며 개인을 지켜주는 핵심적 방패를 마련하는 일은 어려워지고, 사람들은 온갖 억울한 상황에 직면하게 될 것입니다.

그러니 권리와 보상은 우리가 상호 합의된 관계를 규범으로 여기는 사회를 이룩할 수 있게끔 해주는데, 이는 우리 각각이 타자를 배제할 수 있는 개인적 주권의 영역을 규정함으로써 가능한 일입니다. 또한 권리와 보상 역시 의무를 규정하지요. 나의 권리는 나의 의무이며, 내가 너에게 좋은 대접을 받을 만하지 않다 해도 너에게 나를 괴롭힐 권리가 주어지지는 않는 것입니다.

권리, 보상, 의무를 거론하며 서로에게 빚지고 있으며 자유, 정의, 불편부당한 관찰자 같은 근본적인 관념들을 떠올리는 우리는 (직접적으로건 간접적으로건) 인격의 개념을 사용하고 있으며, 그 개념은 사실상 그 모든 사안에 대해 우리가 공유하는 관점을 제공합니다. 인간 공동체는 인격체의 공동체이며, 심지어 서로 동의하지 않을 때조차 우리는 [인격의 공동체를 구성한다는] 그 점에서 동의를 이루고 있는 것입니다.

인격의 개념을 명확히 하는 것은 이러한 이유로 인해 지적인 우선 과제가 됩니다. 인권의 토대에 대해 보편적으로 통용되는 정치적 강령을 만들고자 한다면 어떤 권리가 우리의 본성에, 인격체로서의 본성에 속하는지, 그리고 무엇이 합의의 산물인지 설명하는 이론이 필요합니다.

그 이론은 인격에 대한 이론이 되겠죠. 자본주의 사회가 약탈에 기반하고 있으며 노동이 존엄하다고 주장하는 마르크스주의 이론가들은 사람들 사이에 완전하고 자유로운 관계가 존재하나 자본주의 체제가 그것을 억압하고 있다는 관점에 의존합니다. 이런 관점은 인격에 대한 어떤 이론을 필요로 하죠. 신학자들은 자연적 질서 속에 존재가 드러나는 인격화된 신에 대해 알고 사랑하는 것이 인간의 삶의 목표라고 생각합니다. 이러한 관점을 이해하고 납득하려면 인격에 대한 이론이 있어야만 합니다. 자유주의 좌파들에게 정치 질서란 '사회적 정의'와 개인적 자유 사이의 균형을 잡는 메커니즘입니다. 이 개념 또한 어떠한 인격 이론에 기대고 있지요. 롤스는 복지국가의 개념을 옹호하기 위해 칸트 철학의 인격 개념을 오용했는데, 노직은 같은 인격 개념으로 복지국가를 공격했습니다.

오늘날 벌어지고 있는 모든 정치적 갈등의 핵심에서도, 비록 거의 추상적으로 그 사회적·역사적 맥락에 거의 혹은 전혀 관심이 주어지고 있지 않더라도 우리는 인격의 개념을 발견할 수 있는 것입니다.

'나-너' 관계 속에 드러나는
도덕적 삶의 핵심

만약 인격체로서의 사람이 갖는 핵심적 기능이 자율적 선택을 내리는 것이라면, 자유지상주의자들은 정부와 시민단체가 개인의 선택에 관여할 권리가 없다고 주장할 것입니다. 존 스튜어트 밀이 주장한 바, 타인을 해악으로부터 보호한다는 그 지점만을 제외하고 말이죠.[19] 하지만 인간을 정의하는 기능이 서로 돕는 공동체 내에서의 삶이라고 한다면, 공동체주의자들은 우리가 반사회적 생활 습관을 제약하고 돌봄을 근간에 둔 사회를 제공해야 한다고 주장할 겁니다.

인격을 둘러싼 이와 같은 의견 대립은 사상가들이 그 개념을 맥락에서 떼어내어, 인격성이란 단순한 존재의 방식이 아니라 **생성**becoming의 방식임을 거론하지 않으면서, 추상적인 개념으로 정의하려 들기 때문에 벌어지는 일입니다. 자유지상주의자들은 자유를 강조하지만 자유의 기원이나 형이상학적 기본에 대해 실질적 언급을 해주지는 않습니다. 공동체주의자들은 사회적 의존을 강조하면서도, 계약과 협의에 토대를 두고 결합하며 서로의 개인적 자율성을 인식함으로써만 달성되는 자유로운 존재의 집단을 동물 집단과 제대로 구분해 내지 못합니다.

우리가 나-너 만남 속 인격 개념의 뿌리를 이해하고, 우리

사이의 관계를 형성하며 우리에게 우리의 모습을 정확히 드러내려면 1인칭 지식이 우선시되어야 한다는 것을 받아들여야만 앞서 살펴본 의견 대립을 올바로 이해하고 많은 부분 해소할 수도 있다고 저는 지금껏 항변해 왔습니다. 인격적 관계는 **호명하여 불러내는 것**calling to account입니다. 나는 내가 한 말과 행동으로 너에게 응답할 수 있고, 너 또한 내게 그러하죠. 헤겔 식으로 말하자면 우리는 서로에게 객체가 아닌 주체이며, 주체 대 주체의 조우는 상호 인식의 일부입니다.

그로 인해 우리는 상대가 자율적 존재로서 자신의 성격과 행동에 대해 책임을 진다는 것을 인식하게 됩니다. 나의 자유는 인간적 사건으로 이루어진 세계 속에서 맥락 없이 솟구쳐 오르는 것이 아니라 나의 사회적 조건의 산물이며, 타자에 대한 책임의 온전한 부담과 함께 다른 이들의 목소리에는 나의 그것과 마찬가지의 자율성이 담겨 있다는 인식과 함께 딸려오는 것입니다.

만약 그렇다면 우리는 자유지상주의자와 공동체주의자가 각각 절반의 진실에 도달해 있다고 결론을 내릴 수 있습니다. 자유와 책임은 인간이라는 행위자 안에 공존하고 있으니까요. 그리고 우리는 나만큼이나 너에게도 무게를 갖는 이유를 찾는 대화를 통해 서로를 호명하죠. 인간 공동체의 핵심에는 우리 모두에게 타당한 이유를 향한 "공통의 추구common pursuit"가 존재합니다. 언젠가는 다른 이와 언쟁을 하며 공통선에 도달할 수도 있겠죠. 어쩌면 다른 사람들이 받아들일 이유에 스스로를 끼워 맞추고 있는 자신을 발견하게 될지도 모릅니다. 그 타당성은 나를 다른 이들과 구별 짓게 해주는 특정한 욕망이 아니라, 그보다는 우리가 공유하는 인간의 본성과 사회적 환경에 묻혀 있는 무언가로부터 비롯할 테고요. 자유와 공동체는 본질적으로 서로 연결되어 있으며 진정 자유로운 존재는 언제나 타인의 호명에 응함으로써 스스로의 현존을 타인들과 맞춰 나갑니다.

저는 우리가 인격체로서 온전히 개발되기 위해 우리의 동기를 동물에서 인격적 중심으로 이전해 주는 미덕을, 우리 정념에 책임을 지게 해주는 미덕을 필요로 한다고 주장해 왔습니다. 이러한 미덕은 촘촘하게 짜여진 사회적 맥락을 벗어나면 소용이 없습니다. 사회적으로 공인된 형식의 교육과, 가족과, 서로 사랑하는 관계와, 지킬 건 지키는 에로틱한 접촉이 없다면 우리의 사회적 감정은 온전히 "나"의 중심에 자리잡지 못할 것입니다.

인간 존재는 서로를 향한 사랑과 자기 헌신 속에서 충만해지지만 거기 이르기 위해서는 모방, 복종, 자기 통제를 필수적으로 요구하는 자아 개방의 긴 여로를 거쳐야 하죠. 아리스토텔레스가 제안한 용어를 따라 인격의 발달을 이해하는 것은 어려운 일이 아닙니다. 하지만 인격을 연마하는 건 어려운 일이죠. 그럼에도 불구하고 올바른 이해를 통해 우리는 미덕과 좋은 습관을 본래의 자리에, 인격적 삶의 중심에 되돌려 놓을 동기를 부여받을 수 있을 것입니다.

신성한 의무

SACRED OBLIGATIONS

근대적 회의로 가득한 세상, 인간과 도덕을 회복하는 길

종교는 도덕적 삶의 산물이자 동시에 그것을 지탱해 주는 버팀목이기도 합니다. 세상을 신성한 순간에만 현존을 드러내며 기도하는 자를 정화해 주는 어떤 초월적 인격의 선물로 이해함으로써, 우리의 도덕적 삶은 종교적 실천의 비옥한 토양에 뿌리내리게 되는 것이죠.

미국의 모든 도덕철학자들을 싱어의 거푸집으로 찍어낸 결과주의자라고 할 수는 없습니다. 도덕을 상호인격적 협력 체계로 바라보며, 사람들은 "선의 개념"을 두고 경쟁할 여지가 있다고 보는 "계약주의자contractarian"인 경우가 더 흔하죠. 이런 입장의 정당화 논리의 바탕에는 도덕적 사고가 사람들에게 존중과 관용을 심어줌으로써 전반적인 안전을 보장한다는 결과주의적 요소가 내장되어 있을 수 있습니다.

하지만 도덕성 자체가 강요가 아닌 동의에 따라 구성된다는, 노직의 표현으로 '측면 제약side constraint'의 논리를 따르자면, 측면 제약이 권리와 의무의 시스템 속에 내재되어 각각의 개인들을 권리의 벽으로 감싸 부당한 강요와 침해로부터 막아주며, 모든 개인은 그런 권리를 보장하는 일련의 의무를 부과받게 됩니다.

최근의 정치철학은 비슷한 그림에서 출발해 한 단계 더 깊게 들어갑니다. 관대한 국가의 미덕을 탐구하며, 사회 정의나 때로는 자유를 정부의 포괄적인 목표로 여기곤 하는 것이죠. 현대의 학계는 도덕철학이나 정치철학 모두에서 권리와 의무의 체계를 사회적 협동의 핵심 수단으로 보며, 우리로 하여금 그 체계에 순종하게끔 하는 미덕을 가르치고, 그러한 복종을 가능케 하며 다양하고 많은 과제에 우리가 협력할 수 있게끔 하는 정치적 옹호론을 설파합니다.

정치 질서는 우리의 자유를 보장하며 법의 실행 과정에서 발생하는 구조적 불의를 정정하도록 고안된 적극적 법체계를 통해 도덕을 보완합니다. 도덕 법칙과 적극적 법체계는 전적으로 개인의 자율성과 그에 내장된 자유와 권리의 용어를 통해 완벽히 이해할 수 있는 추상적 이론을 통해 차례로 정당화됩니다.

물론 수많은 세부사항과 수정사항이 덧붙어 있지만, 이런 사고방식은 롤스의 《정의론》과 노직의 《아나키에서 유토피아로》의 바닥에 깔려 있습니다. 또한 법철학자 로널드 드워킨Ronald Duorkin과 조셉 라즈Joseph Raz, 도덕철학자 스캔론이 전제하는 인간관이기도 하고요.[1] 데이비드 고티에David Gauthier의 《동의에 의한 도덕 Morals by Agreement》부터 로렌 로마스키Loren Lomasky의 《인격, 권리, 도덕적 공동체Persons, Rights, and the Moral Community》와 다월의 《2인칭 관점The Second Person Standpoint》, 마사 누스바움Martha Nussbaum의

《정의의 최전선Frontiers of Justice》까지,**2** 우리는 미국 도덕철학자들이 거의 보편적으로 동의하는 바를 확인할 수 있습니다. 개인의 자율성과 권리에 대한 존중이 도덕 질서의 근본 개념이며, 국가는 자율성을 보호하는 도구로, 혹은 더 큰 역할이 부여된다면 "사회 정의"의 이름으로 불리한 상황을 교정하는 도구로 여겨지고 있는 것입니다. 그에 따른 논변들은 한결같이 세속적이고, 평등주의적이며, 이성적 선택이라는 추상적 개념의 토대 위에 서 있습니다.

게다가 공공의 도덕성과 공유된 정치 질서를 정당화하면서도 서로 다른 신앙, 서로 다른 가치관, 깊은 형이상학적 의견 차이를 지닌 사람들의 평화로운 공존을 허락하는 듯 보이니 매력적이기도 하고요. 제가 제시해 온 도덕적 삶의 모습은 이들의 주장과 많은 면에서 상통합니다. 하지만 저의 논점을 이어가 보면 이들의 관점에 대한 두 가지 중요한 비판이 제기되죠.

계약주의에 대한
두 가지 비판

첫 번째 비판은 계약주의적 입장이 우리가 유기체로서 처한 상황을 진지하게 다루지 않는다는 것입니다. 우리는 몸에 담긴 존재이며 우리의 관계는 육체적 현전을 매개로 하지요. 에로틱한 사랑, 자녀와 부모의 사랑, 고향에 대한 애착, 죽음과 고통에 대한 공포, 타인의 고통과 공포에 대한 연민 등, 우리의 가장 중요한 감정 전부가 몸에 묶여 있으며, 이들 중 그 무엇도 유기체로서 우리가 처한 상황을 논외로 하면 성립하지 않습니다. 아름다움에 대한 사랑 역시 우리에게 내재된 생명과 지금 여기에서 느끼는 기쁨에 그 뿌리가 있을 테고요.

만약 우리가 몸에서 벗어난 이성적 행위자라면, 칸트의 '목적의 왕국'을 고향으로 여길 본체적 자아 noumenal self●라면, 우리의 도덕적 짐은 가벼워질 수 있을 것이며 우리 각각이 이웃과 동등한 자유를 영위하기 위해 요구되는 측면 제약 정도로 줄어들 수도 있을 것입니다. 하지만 우리는 몸에 담긴 존재로서 서로에게 끌릴 뿐 아니라 심각한 차별, 불평등한 주장, 치명적 집착, 지엽적 필요를 낳는 에로틱하거나 친근한 감정에 갇히기도 하고, 그리하여 우리의 도덕적 삶은 이와 같은 영혼의 어두운 영역과 밀고 당기며 이루어질 수밖에 없는 것입니다.

두 번째 비판은 우리의 의무가 상호 자유의 보장으로 환원되지 않으며 그럴 수도 없다는 것입니다. 본체적 자아는 무언가에 묶이거나 얽매이지 않은 채 세계로 진입하는데, 그것은 애초에 본체적 자아가 세계 **속으로** 들어오지 않기 때문입니다. 본체적 자아에게는 상황이 주어지지 않습니다. 그들 자신처럼 구속받지도 제약당하지도 않는 다른 이들 속에서 활동하며 스스로 만들어 내는 사건들만이 예외라고 할 수 있겠죠.

반면 우리 인간들이 들어오는 세계란 우리를 위해 자리를 만들어 준 이들의 고통과 환희가 새겨진 세계이며, 어린 시절에는 보호받는 기쁨을, 더 커서는 성숙해지는 기회를 얻습니다. 우리에게 주어지는 의무의 범위는 선택의 범위보다 넓은 것이죠. 우리는 결코 스스로 택하지 않은 끈에 매여 있으며, 우리가 사는 세상에는 우리가 편하게 동의할 수 있는 수준을 넘

● 칸트 철학은 세계를 현상계와 예지계로 나눈다. 현상계는 우리가 감성, 상상, 지성, 이성을 통해 이해한 바로 이루어진 세계이며, 예지계는 그렇게 해도 전부 파악되지 않는 '있는 그대로의 세계'다. 번역상의 용어로 '예지계'라 선택되어 있긴 하지만 개념적으로 볼 때 예지계가 현상계에 선행하는 것으로, 독일어로는 "Noumenon"이라는 단어가 쓰이고 있으며 이는 영어에서 그대로 수용되었는데, 영어 단어 'noumenal'은 '본체적'이라고 번역된다. 예지계가 '사물 그 자체'로 이루어져 있으며, 우리가 그것을 이해함으로써 현상계를 이룬다는 점을 놓고 보면, 칸트 철학의 'noumenal self'는 '본체적 자아'로 번역하는 것이 타당하다. 이 맥락을 통해 알 수 있듯 본체적 자아란 현상계를 넘어선 자아, 우리의 감각과 경험과 인식 구조의 제약을 받지 않고 순수한 개념과 논리를 따라 움직이는 자아를 뜻한다.

어서 우리에게 침입해 오는 가치와 도전이 포함되어 있죠. 이런 가치와 도전을 아우르기 위해 사람들은 사회계약의 자유주의적 이론에서는 도저히 받아들일 수 없는 개념들을 발전시켜 왔습니다. 즉, 신성함과 숭고함, 악과 구원의 개념을 통해 현대 도덕 철학과 전혀 다른 방향의 세계관을 제시했던 것입니다.

제가 도덕적 삶에 대해 전개하는 논지에서 가장 중요한 과제는 바로 이 두 반론에 답하는 것입니다. 본질적으로 몸에 담겨 있으며 상황 속에 놓여 있을 수밖에 없는 인간 행위자가 어떻게 도덕적 사고 속에서 수용될 수 있는지, 선택하지 않은 의무가 어떻게 형성되며 정당화될 수 있는지, 일과 신성함의 경험이 세상 다반사에 대한 우리의 전반적 양심에 어떻게 기여하는지 등에 대해 말이죠.

3장에서 저는 그리스 비극이 탐구한 상황들을 짚어보며 근대적 인격 이론으로부터 등장한 것과 대립하는 죄와 책임의 개념을 살펴보았습니다. 악을 일종의 전염되는 것으로 바라보며 우리의 육체적 조건의 모든 지점과 결부시키는 오염과 금기, 혹은 "수치와 숙명"의 윤리는 성적 금기의 위반, 죽은 자와 태어나지 않은 자를 향한 의무, 신성함과 희생의 경험, 우리 모두가 갖고 있는 강력한 감정의 흐름을 휘저어 놓는 신성모독 등을 다루는 데 있어서 보다 우월한 위치를 차지하고 있지요.

하지만 그러한 윤리에는 그 어떤 철학적 토대도 없으며 상호인격적 관계에서 도덕성을 찾고자 하는 저의 시도와 근본적으로 맞서는 것입니다.

자유주의자들은 모르는
오이디푸스가 눈을 찌른 이유

1930년 출간된 선구적인 책《성적 윤리Sexual Ethics》에서, 아우렐 콜나이Aurel Kolnai는 결과주의적인 태도로 비용과 편익을 따지는 방식뿐 아니라, 자아와 의지에 방점을 두는 칸트식 정언명법을 따르더라도 성적 도덕을 이끌어 낼 수는 없다고 주장한 바 있습니다.[3] 그 이름에 걸맞는 성적 도덕이라면 뭐가 됐건 모름지기 더러움 혹은 부정不淨; defilement; das Schmutzig을 그 핵심으로 삼아야 한다는 것이었습니다.

콜나이가 제가 사용했던 인류학적 용어를 통해 그 생각을 표현한 건 아니었습니다. 그럼에도 불구하고 그는 이 오염되었다는 느낌이 성적 욕망과 그 표현을 가로지르는 객관적 지표라는 생각에 사로잡혀 있었죠. 또한 이것은 콜나이에게 있어서 금욕, 성직자다움, 결혼에 대한 로마 가톨릭 교회의 관점을 옹호하기 위한 논증의 전제가 되는 것이었습니다.

성적 도덕에 대한 현대 도덕 철학자들의 논의 속에서 부정의 개념이 설 자리는 분명치 않아 보입니다. 우리가 쾌락으로 향하는 길을 막고 있는 미신을 폭로함으로써 죄책감 없이 성적 충동에 따를 수 있게끔 "해방시키는" 것이 철학의 주요 과제 중 하나로 여겨지는 일이 종종 벌어집니다.[4] 성적 관계에서 그

정당성을 보장해 주는 (많은 사상가들이 충분조건이라 여기는) 필요조건은 충분한 정보를 제공받은 파트너 사이에서의 동의 여부이며, 이것이 모든 계약주의적 접근법에서 핵심적인 요소입니다. 이런 시각을 지닌 사람들이 합의된 성관계를 비난한다면 그것은 한쪽이 다른 쪽을 기망하거나, 교사와 학생 혹은 의사와 환자처럼 권력 관계 속에서 권력의 남용을 통해 합의가 이루어졌기 때문이지요.

그들에게 있어서 (잘못된 성별이거나 잘못된 생물학적 관계이거나 사회적으로 잘못된 상황이라는 이유 등으로) 특정한 파트너는 금지된다거나, 혼인 관계에서의 성관계는 혼외정사와 도덕적으로 다른 종류의 것이라거나, 심지어 상호 간에 눈이 맞았다 하더라도 세상에는 저항해야만 하는 유혹이 있다거나 하는 생각은 모두 계몽되지 않은 구시대의 미신과 잔재이며 근거 없는 것으로 취급됩니다.

그런데 사실을 말하자면, 부정과 모독의 개념을 스스로 거부하는 이들은 강간 피해자 여성의 감정을 아우를 수 없습니다. 성적 행위를 자신에게 주어진 선물이 아니라 본인의 의지에 반한 어떠한 신체 현상으로 경험한 여성은 스스로의 존재가 침탈되었고 오염되었다고 느끼게 됩니다. 그리고 피해자가 그 행위를 어떻게 **인식하느냐**는 그 행위가 **무엇이냐**는 문제와 내적으로 연결되어 있습니다. 피해자의 편에서 볼 때 오염과 모욕의 감각은 그저 **환상**에 지나지 않는 것이 아닙니다. 누군가 일부러 가한, 본인에게 벌어진 일에 대한 정확한 인식이지요. 헌데 만약 우리가 성적 흥미와 성적 쾌락에 대해 표준적 연구 문헌들이 제공하는 주장을 따른다면, 피해자의 인식은 전적으로 비이성적인 것이며, 분개하는 강간 피해자는 본인을 들이받은 교통사고 가해자를 고소하려는 사람과 같은 차원에서 비교되어야 할 것입니다. (여기서 제가 말하는 표준적 연구 문헌이란 킨제이 보고서 이후 급상한 사고 과정을 의미하며, 앨런 소블Alan Soble이 《성: 플라톤에서 파글리아까지Sex from Plato to Paglia》라는 제목의 백과사전을 통해 생생하게 보여준 그런 철학을 담은 것들입니다.)

근친상간도 그렇습니다. 우리가 바그너의 음악극 〈발퀴레〉의 지그문트와 지글린데에게 공감할 수 있는 건 그들이 호감을 느꼈을 뿐일 때 서로 혈연임을 깨닫고, 그 사랑이 부정한 것이라 선언하는 고결한 길을 택하기 때문이죠. 그들은 한 집에서 성장해 온 사이가 아니며 서로를 향한 욕망이 커지는 가운데 혈연이라는 사실이 밝혀집니다. 이런 경우를 예외로 둔다면 근친상간은 우리 거의 모두에게 심대한 반감을 불러옵니다.

프로이트의 설명에 따르면 근친상간에 대한 반감은 그것을 하고 싶어 하는 깊은 욕망에 대한 방어 기제입니다. 진화심리학자들은 또 다른 상충된 설명을 제시하는데, 말하자면 근친상간에 대한 반감은 진화론적 적응의 결과라는 거죠. 인간이라는 아바타에게 근친상간 혐오를 불러일으키지 못한 유전자는 모두 소멸하고 말았다는 것입니다.

하지만 프로이트도 진화심리학자들도 이 사안에 담긴 도덕적 감정에 가닿지는 못하고 있습니다. 반감의 경험 그 자체, 제가 제시한 오염과 부정의 관점에서 개념화되는 경험과는 거리가 있는 거죠. 이런 개념은 왜 이오카스테가 스스로 목을 맸는지, 왜 오이디푸스가 자신의 눈을 찔렀는지 설명해 줍니다. 서로 대립하는 관점임에도 불구하고, 프로이트나 진화심리학 모두 이런 극단적이며 과격한 행태를 납득 가능하게 해주지는 못합니다.

근대 철학은 인격성personhood이 핵심적 도덕 범주라는 것, 혹은 적어도 도덕적 주체나 자격을 논하기 위한 관문 역할을 한다는 것에 동의하고 있습니다. 많은 철학자들도 인격성이 상호적 관념임을 이해하고 있지요. 제가 2장에서 묘사했듯 우리는 상호인격적 관계의 그물망에 참여할 수 있는 한도 내에서 인격적 존재로 있을 수 있는 것입니다. 그러니 한 사람의 인격체가 되려면 그러한 관계를 가능케 하는 역량을 지녀야만 합니다. 자기 인식, 책임, 실천이성 등이 그에 포함되겠죠.

인격체들은 칸트의 도덕 법칙에 따라 서로를 인격체로서 존중해야 합니다. 달리 표현하자면 인격체는 서로에게 주권의 영역을 허락해야 합니다. 나의 주권 영역 안에서 벌어진 내게 발생한 일들은, 인간의 선택에 좌우되는 일이라면 결국 나의 선택에 따른 것입니다.

제가 3장에서 주장했다시피 이는 사람들이 실로 권리의 벽을 쌓을 때, 보상이라는 권리를 통해 침해로부터 보호받을 수 있을 때에만 보장되는 것입니다. 권리와 보상이 없다면 개인은 주체이되 주권자일 수는 없죠. 이러한 권리와 보상은 인격성의 조건에 내재되어 있으며 어떤 협약이나 합의에서 파생되는 것이 아닙니다. 다시 말해 "자연스러운" 것입니다.

하지만 이런 설명 중 그 무엇도 강간에 대한 반응을 규명하지는 못합니다. 자연권이라는 개념은 너무도 형식적이기 때문입니다. 강간은 타인의 의지를 깔아뭉개면서 쾌락의 수단으로 삼는 합의 없는 행동이니, 자연권 개념에 따르면 사람에게는 강간당하지 않을 권리가 있죠. 물론 모두 나쁜 겁니다. 하지만 누군가 다른 이를 자기 맘대로 끌어안거나, 상대가 모르도록 숨어서 벗은 모습을 훔쳐보며 즐기거나 할 때에도 남의 의지를 무시하는 유형의 공격이 벌어지고 있습니다. 오염이라는 요소를 배제하면 우리는 어떤 범죄가 얼마나 심각한지 제대로 규명하고 판단할 수 없게 되는 것입니다.

상호인격적 존중에서 비롯하는 도덕성이 무용하다는 뜻은 아닙니다. 오히려 반대죠. 그것을 통해 우리의 도덕적 직관 중 많은 부분을 설명할 수 있습니다. 하지만 자유로운 선택의 중심에 자유주의적인 추상적 인권 개념을 두고, 그 인격의 의미가 지니는 주권성과 그들이 갖는 의무와 권리에 대해서만 논하는 것은 도덕적 사유의 적은 부분밖에 다루지 못합니다.

인격은 오염되고, 모욕당하며, 부정을 저지를 수 있습니다. 이 점을 도외시하는 결과는 전통적인 성 도덕을 이해하지 못하는 것에서 끝나지 않습니다. 우리가 살고 있는 시대에 보다 적합한 (적어도 우리는 그렇다고 가정하는) 대안적 성 도덕을 개발하는 일조차 불가능해집니다.

동의와 합의를 넘어서는
'도덕 감정'을 재구성하기

우리가 현재 처한 상황의 많은 요소들이 이 논점을 부수적으로 확인해 주고 있습니다. 일례로 소아성애를 역겨워하는 감정이 커지고 있지요. 이것을 어찌 설명해야 할까요? 그 아이가 "동의할 수 있는 나이"에 달하지 못했다는 것이면 충분할까요? 아동 학대는 미성년자에게 술을 주는 것과 비슷한 걸까요? 그것이 우리가 아동 성착취 영상을 비난하고 아이들이 포르노를 접하지 못하게 하고자 하는 유일한 이유일까요?(아이들뿐 아니라 모든 사람을 대상으로 한 포르노 논의는 지금 논점이 아니니 넘어갑시다.)

혹은 젊은이들이 뭐가 됐건 그저 동의가 있다면 그것으로 "좋은 섹스"의 조건을 충족했다 여긴 나머지 대학가에서 종종 불거지는, 때로 그 결과가 "나쁜 섹스"로 귀결되고 마는 새로운 유형의 성범죄를 생각해 볼 수 있습니다. 그 결과가 바로 동의했지만 그것이 동의가 **아니었음을** 누군가 너무 늦게 깨닫고 뒤따라오는 폭력의 감각에 사로잡히는, 유혹한 자에게는 부당한 공격으로 여겨지겠지만 고발자에게는 본인의 도덕적 감정을 납득하기 위한 최후의 시도일 수밖에 없는, "데이트 강간"인 것입니다. 저는 오늘날 젊은이들이 빠져 있는 혼란을 보며 자유로운 합의에 기반한 탈신성화된 도덕관이 우리의 성적 감정을 다루는 데 부적합하다는 생각을 하게 됩니다.

　오염이라는 개념의 중요성은 성적 흥분sexual arousal이라는 현상으로 이미 충분히 드러납니다. 성적 흥분은 비록 특정한 신체적 변화와 관련되어 있지만 몸의 상태가 아니죠. 한 사람이 다른 이에게 눈 뜨는 일이며, 그 느낌의 지향성의 토대에 1인칭 사고와 2인칭 사고가 깔려 있는 의사소통의 한 형태입니다. 사람들은 마치 동물처럼 서로를 **향해** 바라봅니다. 하지만 사람들은 또한 서로의 **속을** 들여다보죠. 특히 서로 흥분한 상태에서 그렇습니다. 욕망의 눈길은 일종의 소환술처럼 상대편의 자아를 눈 앞으로 불러내어 자유와 자아상을 탐색의 시선으로 꿰어냅니다.

　욕망의 현상학을 그려내는 일에서 그 누구도 범접할 수 없을 만큼 탁월했던 사르트르는 이런 경험이야말로 욕망의 특징이며, 욕망은 타자를 객체가 아닌 자유로운 주체로 호명한다는 사실, 그 형이상학적 성격을 보여주는 신호라고 지적했습니다.[5] 사르트르에게 있어서 욕망의 시선le regard은 타자의 자유를 소환하는 것이며, 그는 그 기능을 욕망의 애무caress of desire와 연결 지었습니다. 애착의 애무caress of affection, 혹은 *그와 거의 구분되지 않는 손길은* 타자의 주체성을 육체의 표면으로 불러낼 뿐이지만, 욕망의 애무는 그와 달리 더 드러내고 알아야 할 것을 제공한다는 것이죠.

욕망의 애무와 손길은 **인식론적** 성격을 갖고 있습니다. 몸이 아니라 그 몸 속에 담긴 자유로운 존재를 탐색하는 것이니까요. 그러나 불려 나온 주체는 그로 인해 위기에 놓이게 됩니다. 타자의 속을 들여다보던 시선은 그저 타자를 **향한** 시선으로 돌변할 수도 있죠. 마치 몸의 주체가 누구인지 알 바 아니라며 몸을 탓하듯이 말입니다. 이 현상 자체에 오염과 겁탈의 가능성이 자리 잡고 있는 것입니다.

그런 면을 놓고 볼 때, 우리는 오염과 금기의 윤리학이 생생하게 보여준 진리 중 일부를 재구성하기 위해 인격의 철학을 사용할 수 있으리라는 것이 저의 생각입니다. 제가《성적 욕망 Sexual Desire》이라는 책에서 시도한 것이기도 하죠. 저는 욕망의 현상이 서로를 인격으로서 원하는 자유롭고 책임 있는 존재들 간의 상호 협상의 일부로 이해되어야 한다고 주장한 바 있습니다.⁶ 제가 이 책의 2장에서 주장했듯이 인격은 개인적입니다. 재정의될 수 있고 변화를 겪게 될 수도 있는 약한 존재라는 의미에서가 아니라, 스스로와 타자에 의해 유일하고 대체 불가능하며 **대리물을 허용치 않는** 정체성을 부여받은 강한 존재라는 의미에서 그렇습니다.

이것이 바로 칸트가 인격에 대한 논의에서 "목적 그 자체"라는 말로 표현하고자 한 것이죠. 어떤 면에서 자유로운 존재란 그와 인격적 관계를 맺고 있는 사람의 눈으로 볼 때 그와 등가성을 지니는 누군가로 결코 대체될 수 없는 사람을 뜻할 것입니다. 중요한 관계에서 대체 가능한 등가물이란 없죠. 그러니 성적 도덕에는 자유로운 존재들의 합의의 규칙하에 협상하는 것보다 반드시 더 많은 것이 담길 수밖에 없습니다. 지금 근본적인 위기에 놓인 것은, 몸에 담긴 개인으로서 서로 대체될 수 없다는 사실 그 자체인 것입니다.

계몽주의자들이 외면한
경건함의 도덕

여기서 저는 두 번째 반론으로 향하게 됩니다. 그 반론은 도덕적 주체가 스스로 택하지 않은 도덕적 요구에 묶여 있는 상황적 성격을 지닌다는 점에서 출발합니다. 그러한 도덕적 요구를 명확히 하고자 고대인들이 사용한 개념이 바로 경건pietas이었습니다. 여러 로마 사상가들은 경건을 종교 행위와 종교적 마음가짐의 진정한 핵심으로 여겼습니다. 경건은 자신이 선택하지 않은 권위를 향해 내보이는 복종과 순종의 태도입니다. 경건의 책무는 계약의 책무와 달리 스스로 맺은 동의에서 비롯하는 게 아니죠. 개인의 존재론적 난국으로부터 도출되는 것입니다.

자식의 책무가 그 분명한 사례입니다. 나는 이 여성에게서 태어나고 길러질 거라고 동의한 바 없습니다. 나는 계약을 통해 이 여성과 묶인 게 아니며, 이 여성을 향한 나의 책무가 언제쯤에야 혹은 어떻게 해야 완료될 수 있을지도 미리 알 수 없습니다. 유교 철학은 이러한 종류의 책무, 리禮의 책무에 막대한 비중을 부여합니다. 사람의 덕성에 대한 판단이 거의 전적으로 경건의 잣대에 따라 움직입니다. 택하지 않은 책무를 인지하고 그에 따라 행하는 능력을 가진 이는 계약을 맺고 그에 따르는 능력, 즉 생각에 의해 움직이는 능력을 가진 이보다 더 깊은 믿음직한 면이 있다고 보는 것입니다.

우리의 강단 정치철학은 계몽주의에 그 뿌리를 두고 있습니다. 시민권은 사회계약에서 비롯하였다는 개념과 정치적 정통성의 원리가 된 대중적 선택을 통해 세습된 권위를 대체하고자 하는 욕망을 지닌 사상이죠. 계몽주의는 경건함을 거의 거들떠보지 않으며 그 존재를 인정한다면 사적인 범주로 한정하려 합니다. 그가 제시했던[무지의 장막을 통한 사회계약의] 저 유명한 허구를 도저히 받아들일 수 없는 평범한 사람들을 위해 사회계약론의 한켠에 "선관善觀 conceptions of the good"의 개념을 박아놓았던 롤스처럼, 계몽주의자들은 경건함을 그렇게 취급하고 있으며 이는 전혀 놀랄 일이 아닙니다.•

제 생각에 에드먼드 버크Edmund Burke, 조제프 드 메스트르Joseph de Maistre, 헤겔로 대표되는 정치적 보수주의의 주요 과제는 경건의 책무를 원래 있어야 할 곳인 정치철학의 한복판으로 돌려놓는 것이라 해도 좋을 듯합니다. 저 철학자들은 온당하게도 그과업을 떠안았지요. 우리가 누구이며 무엇에 빚지고 있는지는

• 롤스는 '무지의 장막'을 전제한 사회계약을 통해 정의로운 사회에 도달할 수 있다고 보았다. 그러나 본인의 사회계약론을 이해하지 못하거나, 이해하더라도 받아들이지 못할 사람들이 있다. 이 난점을 해결하기 위해 롤스가 제시한 방안이 바로 '선관'이다. 대중이 선관을 지니고 있다면 롤스 식의 사회계약에 동의하지 않더라도 같은 결론에 도달할 수 있다. 롤스는 선관을 정의감과 더불어 인간이 지니고 있는 도덕적 능력 중 하나로 보았다.

대부분 우리의 동의와는 무관하게 이루어져 있는데, 오늘날 우리에게 지지를 받기 위해 경쟁을 벌이는 정치철학들은 이를 인지하지 못하고 있으며 받아들이려 하지도 않고 있습니다.

헤겔은 《법철학》에서 가족을 경건한 책무의 영역으로, 시민사회를 자유로운 선택과 계약의 영역으로 정의합니다.[7] 젊은이가 선택의 영역에 자신의 몸을 던지기 위해 자연스럽게 가족과의 연결을 끊고자 투쟁하며 양자 사이에는 변증법적 대립이 벌어지죠. 그리고 오직 사랑에 사로잡힌 그는 [자식을 낳아] 선택하지 않은 새로운 유대 관계에 얽히고야 마는 것입니다. 헤겔에게 있어서 이러한 변증법적 갈등은 초월적 향상과 보존을 의미하는 지양aufgehoben을 통해서만 균형 상태에 도달할 수 있습니다. 즉, 안보와 법의 지속성을 통해 우리의 모든 관계를 감싸고 보호해 주는 국가를 향한, 더 높은 형태의 선택하지 않은 책무를 통해 갈등의 지양이 이루어지는 것이죠. 우리를 국가와 묶어주는 유대와 헌신은 이렇게 다시금 경건한 유대가 됩니다. 버크는 루소에 대한 답변으로 살아 있는 자와 태어나지 않은 자, 그리고 죽은 자까지 모두 포괄하는 유사 계약을 감동적으로 역설한 바 있는데, 헤겔의 생각 역시 이와 다르지 않습니다.[8]

이러한 생각이 담긴 내용을 우리가 사는 이 시공간과 적합한 언어로 엮어내는 것은 쉬운 일이 아닙니다. 하지만 이 일을 해내지 못한다면 우리는 임의적이고 보장받지 못하는 계약 상태를 넘어서, 더 안전한 상황을 가능케 하는 정치 질서의 관점에 결코 도달할 수 없을 것입니다. 이러한 일이 전적으로 가능케 하려면 우리는 버크, 메스트르, 헤겔이 모두 공유하고 있는 바, 정치 질서의 운명과 가족의 운명이 서로 연결되어 있다는 깊은 통찰을 수용해야 합니다. 상호인격적 삶에서 가족과 그로 인해 맞닥뜨리게 되는 관계는 우연히 만나게 되는 것이 아니며, 그 점에서 제가 앞서 설명한 오염과 폭력의 경험과 다르다고 할 수 있습니다.

경건함과 신성함에 뿌리내린
도덕의 맹아

통과의례는 모든 사회에서 신성한 성격을 지닙니다. 죽은 자와 태어나지 않은 자가 함께하는 행사죠. 신들 역시 지대한 관심을 보이며 때로는 몸소 참여하기까지 합니다. 시간이 멈추는, 아니 차라리 시간이 잠시 사라지는 순간이라고 해야 할까요. 한 단계에서 다음 단계로 이어지는 경로는 마치 통과의례의 참여자가 잠시 영원에 몸을 담그는 것처럼 시간의 바깥에 등장합니다. T. S. 엘리엇의 표현을 빌자면, 대부분의 종교는 통과의례를 "무시간과 시간이 교차하는 지점"●처럼 다룹니다.

그러므로 탄생, 결혼, 죽음의 의식은 신성함을 드러내는 핵심 사례일 수밖에 없습니다. 일상의 흐름에서 "떨어져 나와" 영원한 것들의 왕국에 "바쳐지는" 사건들이죠. 몇몇 인류학자와 사회학자들이 그러한 경험에 대한 설명을 시도했는데, 그중 가장 유명한 사람은 아마도 르네 지라르René Girard일 것입니다. 공동체는 내재한 폭력성을 떨쳐내기 위해 희생양을 만들고 그러한 경험으로부터 신성함의 인식이 발생한다는 것이죠. 지라르

● T. S. 엘리엇의 시 '네 개의 사중주Four Quartets'의 세 번째 시인 '건조한 구원The Dry Salvage' 에 나오는 구절이다. 시간의 본질이 무엇인지, 시간 속 인간의 자리가 어디인지를 탐구하는 작품이다.

의 이론은 도덕성에 대한 니체의 이론과 마찬가지로 계보학이
랄까, 아니 차라리 "창조 신화"처럼 표현되어 있습니다. 인간
사회의 기원으로부터 오늘날에 이르는 과정이 멋지게 기술되
어 있는 거죠.⁹ 니체와 마찬가지로 지라르는 갈등을 원시 사회
의 조건 중 하나로 봅니다. 그 갈등을 해결하기 위한 노력 속에
서 신성함의 경험이 등장했다는 것입니다.

지라르에 따르면 원시 사회는 "모방 욕구"에 의해 고통받고
있었습니다. 상대방의 사회적·물질적 소유를 따라가기 위해 경
쟁자들이 맞붙는 가운데 적대 관계가 고조되고 복수의 수레바
퀴를 재촉하게 된 거죠. 해법은 어떤 운명적인 희생양을 특정
하여 그를 공동체 "바깥"의 것으로 지목한 후, 복수할 권리조차
허용되지 않는 희생양을 찾아내 피에 굶주린 폭력의 대상으로
만들어 끝없는 보복의 연쇄를 끊어버리는 것입니다.

희생제의는 사회가 "다름"을 만들어 냄으로써 스스로를 복
원하는 방식인 셈이죠. 희생양의 반대편에서 단결한 사람들은
경쟁에서 벗어나 화합할 수 있게 됩니다. 희생양의 죽음을 통
해 사회는 누적되어 있던 폭력성을 정화합니다. 희생양의 죽음
은 공동체에 오래도록 충격, 안도, 깊은 애착의 회복을 불러오
는데, 이러한 감정적 경험이 장기적으로 이어지면서 희생양은
성스러운 존재가 됩니다.

선택된 희생양은 폭력을 향한 요구를 스스로에게 집중시키

며 제한하는데, 지라르의 관점에서 보자면 우리는 《오이디푸스 왕》을 그러한 희생양 이야기의 새로운 판본으로 볼 수 있습니다. 근친상간을 저지르고, 왕이 되고, 교만에 빠지면서 오이디푸스라는 희생양은 외부자로 낙인이 찍혔습니다. 우리들의 일원이 아니므로 복수의 수레바퀴를 돌릴 일 없이 희생시킬 수 있는 존재가 된 거죠. 그러니 희생양은 희생당하는 존재이자 성스러운 존재, 도시에 역병을 불러온 존재이자 그것을 해결할 수 있는 존재입니다.

우리는 구약에 등장하는 수많은 이야기에서 이렇듯 희생시키고자 하는 욕구와의 투쟁을 발견합니다. 카인과 아벨, 아브라함과 이삭, 소돔과 고모라는 모두 끝없이 이어지던 갈등이 남긴 잔여물로, 인간을 희생물로 바치던 의식은 동물 희생제의로 변했고, 마지막으로 신성한 언어가 되었습니다. 이러한 과정을 통해 경쟁과 갈등을 넘어 성적 약탈을 위한 대결에서 벗어나 도덕이 출현했습니다. 지라르가 볼 때 종교는 폭력의 근원이 아니라 해법입니다. 모방 본능과 원한, 질투의 굴레에서 벗어나 그러한 욕망의 경쟁적 역동성을 인간 공동체에 알맞도록 순치해 온 것입니다.

이 이론은 여러 면에서 문제가 있습니다. 특히 설명하고자 하는 것, 그러니까 왜 희생양이 희생당하는 상태에서 신성한 아우라를 띠게 되는지를 설명하기에 앞서 이미 전제하고 있다는 점만 봐도 그렇습니다. 이것은 니체가 도덕의 "계보학"을 작성하면서 보여준 나쁜 선례를 되풀이하는 꼴이죠. 어쩌면 이건 모든 계보학적 설명이 지니는 난점일지도 모르겠습니다. 이미 어떤 개념이 적용된 상태에서 출발하지 않으면 우리가 그 개념을 적용하게 된 과정을 설명할 수 없는 것입니다.

게다가 지라르의 이론은 제가 앞서 서술한 바 있는 신성함의 주요 사례들을 아우르지 못합니다. 공동체가 시간으로부터 살짝 벗어나는 통과의례의 경우들 말이죠. 이런 약점을 떼놓고 본다면 희생양 이론은 오염과 금기의 윤리에 도덕의 맹아가 심어져 있다는 발상을 담고 있다는 점에서 평가받을 만합니다. 신성함이란 저 너머 어딘가의 무언가가, 인간의 자유로운 행동이 벌어지는 이곳에 틈입해 오는 것이기에 희생, 죽음, 모독, 유해함 등 이 모든 것은 원시적인 신성함의 감각 속에 한데 묶여 있습니다. 신성한 것은 (미숙한 자에게는) 금지된 것이며 (진정한 길을 걷고자 하는 이에게는) 명령처럼 주어지는 것입니다. 성스러움은 참여자를 더 높은 곳으로 인도하며 그를 불멸자들의 반열에 들게 하는 "성례sacrament" 속에서 드러납니다.

더구나 신성함은 박탈당하거나 모욕당할 수 있는 것입니다. 이는 신성한 것이 지니는 가장 주목할 만한 특징입니다. 신성한 것을 맞갖은 존중 없이, 혹은 "미숙한" 상태에서 만지는 자, 또는 신성한 것을 조롱하거나 그 앞에서 침을 뱉는 자는 일종의 형이상학적 범죄를 저지르는 것입니다. 신성한 것을 일상적 사물의 층위로 끌어내리고 그 아우라를 벗겨내는 것이니까요. 이런 자들에게는 전통적으로 가장 끔찍한 처벌이 가해졌고 그러한 처벌의 욕망은 오늘날까지도 남아 있습니다.

지라르는 한발 더 나아가 신성함과 희생됨 사이의 연결을 생생한 표현으로 보여줍니다. 우리는 본질적으로 죽을 수밖에 없는 존재이면서 [죽지 않는 무언가가] 육화된 존재이므로, 이러한 양면성을 이해하는 건 매우 중요합니다. 신성한 존재와 마찬가지로 감정의 배경에는 신성시되기 이전의 무언가와 그것을 신성하게 만든 이들에게 모두 그러하듯이, 죽음이 있는 것입니다.

진화심리학으로는
'신성함'을 충분히 이해할 수 없다

오염, 경건, 신성함을 도덕적 주체의 삶의 중심에 두는 것은 진화심리학의 관점에서 전혀 낯설어 보이지 않을 것입니다. 이러한 개념들과 그에 대한 설명들을 유전자에 의해 추동된 "진화적으로 안정된 전략"의 합리화 기제로 손쉽게 치부해 버리면 그만이니 말입니다. 게다가 실제로도 성적 도덕에 있어서 진화심리학이 우리에게 제시하는 것과 자유주의 도덕성이 정당하게 여길 법한 것 사이에는 큰 격차가 벌어져 있는데 그것은 따로 살펴볼 만한 흥미로운 주제입니다.

하지만 저는 앞서 제기했던 이유로 인해 진화심리학에 기대는 것을 주저하게 됩니다. 어떤 유전 형질의 부재가 재생산의 불이익으로 이어진다는 것을 제시할 수 있다면 그러한 특질은 "적응"의 산물로 여겨집니다. 그런 면에서 보자면 근친상간에 대한 반감은 분명히 적응의 결과물이죠. 하지만 이런 설명은 그 반감의 토대가 되는 **생각**에 대해서도, 반감이 설명하고자 하는 감정의 **깊은 지향성**에 대해서도 아무것도 밝혀주지 못합니다. 그건 근친상간에 대한 반감의 표현에 동원되는 개념에 진정한 정당성과 존재론적 기반을 부여하는 중립적 서술일 뿐이죠.

종교의 진화심리학 역시 종교적 믿음이 재생산의 이익을 가져다준다는 설명을 제시할 겁니다. 마치 수학적 능력이 재생산의 이점을 가져다주고 그렇지 못한 개체들은 모두 죽어 없어졌다는 식으로 말이죠.[10] 하지만 진화심리학은 수학적 증명의 기준에 대한 질문과 마찬가지로 종교적 인식론에 대한 질문을 해결하지 못한 채 그 자리에 내버려 둘 수밖에 없습니다.

그러므로 제가 지금껏 다루었던 개념들과 개념화를 포착하려면 진화심리학에 의존하는 것은 좋은 선택이 아닙니다. 설령 우리가 희생양과 폭력적 제의의 성스러움에 대한 지라르의 정교한 논의를 받아들이더라도 그 개념들을 혹은 그 놀라운 개념화의 과정들을 **당연시**해서는 안 됩니다.

성스러운 것은 경험 세계의 질서가 아닌 **또 다른 질서**에 속하는 것으로 여겨집니다. 또 다른 세계에서 온 방문자이며 우리가 초월적인 영역을 바라보는 그 지점에 임하죠. 그 속에는 **진정한** 내용들이 담겨 있고 우리는 그것을 이해할 수 있지만, 오직 부정적인 방법을 통해, 순수하게 경험적인 분석만으로는 부족하다는 것을 드러내는 방법을 통해서만 그것을 **제대로** 묘사해 낼 수 있습니다.

'인격'을 말살하는
악의 패러다임

저는 제 주장으로 인해 곤란한 위치에 놓이게 됩니다. 저는 경건함, 오염, 성스러움 같은 개념들이 우리에게 필요하다고 말하면서, 동시에 제가 앞서 반박했던 자유로운 선택권을 지닌 인격체라는 철학으로부터 그 개념들의 의미와 바탕이 도출될 수 있다고 주장하고 있으니까요. 저는 자유주의적 계약주의의 선을 넘지 않으면서, 우리가 우리의 문명 속 문학, 예술, 종교를 통해 알고 있는 육화된 도덕적 주체의 큰 그림을 회복해 보고자 합니다. 다른 개념, 특히 아름다움과 악의 개념 역시 이 큰 그림을 채워 넣는 과제와 연관되어 있지요.

아름다움의 문제는 제가 이미 다른 곳에서 다룬 바 있습니다.[11] 이 책은 여러 지적 영역을 넘나들며 두루 지적 논쟁을 벌였는데, 그 결론을 대신하여 저는 악이라는 주제에 대해 몇 가지 간략하게 언급해 보겠습니다. 종교적 세계관과 악의 연관에 대해 숙고해 보고, 이 장에서 전개된 논변이 인격에 대한 그럴듯한 이론으로 어찌 이어질 수 있을지 여부에 대한 성찰은 독자들의 몫으로 남겨두려 합니다.

우리는 악evil한 사람과 단순히 나쁜bad 사람을 구분합니다. 나쁜 사람은 여러분이나 저와 비슷하거나 좀 더 나쁘거나 하죠. 비록 공동체에 해를 끼치더라도 그래도 공동체에 속해 있는 사람들입니다. 우리는 그들의 동기를 파악하고, 개선하고, 그들과 협의하여 결국 그들을 계도할 수 있습니다. 그들은 우리와 마찬가지로 "인간성의 굽은 나무"[12]로 만들어진 존재죠. 하지만 세상에는 그와 달리 악한 사람들이 있습니다. 그들은 공동체의 영역 안에 있지만 공동체에 속하지 않습니다. 그들은 알아차릴 수 없을만큼 조용하고 은밀하게 나쁜 행태를 일삼으며, 그들과의 어떠한 대화도 그저 헛되게 흘러가 버릴 뿐입니다. 그들에게는 개선의 여지가 없고 공동체에 받아들여질 길도 막막합니다.

우리는 그들을 사람이라 여길 수 있지만 이들이 저지르는 과오는 회복 가능한 인간적 과오라기보다 다른 차원으로 보다 형이상학적인 근원을 지닌 것이죠. 그들은 다른 영역에서 온 방문자이며 악마가 육화한 존재입니다. 악한 사람들이 종종 매력적이기도 하다는 건 잘 알려진 사실인데, 그들의 매력은 그들의 타자성을 더욱 확실히 보여줄 뿐이죠. 어떤 면에서 그들은 인간성을 부정하는데, 그러면서도 자신들이 파괴하고자 하는 인간성을 온전히 그리고 부자연스럽게 향유합니다.

악의 이러한 성격은 괴테가 《파우스트》에서 메피스토펠레스를 묘사했던 유명한 대사로 요약될 수 있습니다. "나는 영원히 부정하는 영혼이다(Ich bin der Geist, der stets verneint)." 나쁜 사람은 자기 이익에 따라 행동하며 목적 달성에 지장이 되는 사람을 무시하거나 깔아뭉개지만, 악한 사람은 타인에게 심대한 관심을 지니고 있으며 그들을 차지하기 위해 거의 헌신하다시피 합니다. 그들의 목적은 파우스트가 그레첸을 이용했듯 남을 이용하는 것이 아니라 다른 사람 그 자체를 강탈해 버리는 것입니다. 메피스토펠레스는 파우스트의 영혼을 훔치고 파괴하려 하며, 그 목표를 이루기 위한 수단으로 그레첸의 영혼을 파괴하죠.

오늘날 우리는 종교적 함의를 피하기 위해 **영혼** 대신 **자아**라는 단어를 사용합니다. 하지만 그 단어는 우리의 삶을 둘러싸고 있는 바로 그 수수께끼, 즉 주체적 관점의 수수께끼를 나타내는 다른 표현일 뿐입니다. 악한 사람이 여러분의 몸을 위협하리라 장담할 수는 없습니다만 자아는 반드시 위협합니다. 그러니 우리가 악한 이들을 투명하게 이해할 수 없는 상황이 종종 발생하는 것은 그리 놀랄 일이 아니겠습니다. 얼마나 총명한 사고를 하건, 얼마나 뻔히 보이는 욕구를 드러내건 그들의 동기는 어느 정도 으스스하고 불가해하며 심지어 초자연적이기까지 합니다.

메피스토펠레스는 상냥하고 매력적이지만 그렇다고 그가 본래 속한 곳에서 품고 온 내면의 고문을 지워내지는 못하죠. 그런데 가령 셰익스피어의 연극 〈오셀로〉의 악당 이아고 같은 사례를 접하면 우리는 혼란스러워집니다. 우리는 이아고라는 캐릭터에게 사로잡혀 버리죠. 그런데 우리가 그렇게 포획당하는 건 이아고가 우리의 내면에 만들어 내는 놀랍고 무서운 감정 때문입니다. 이아고는 말재주와 농간을 부려 오셀로를 진정 파멸시키려 하면서 자신이 그러고 있다는 것을 깨닫고 충격에 빠지지만, 그에게는 그 끔찍한 일을 욕망하게 될 만한 충분한 동기가 없으며, 자신이 하는 일에 대한 이유나 핑계를 찾고 그 행동을 멈추기 위한 시도조차 하지 않죠.

결국 이아고는 오셀로가 데스데모나를 해치게 함으로써 오셀로를 해치는데, 데스데모나는 이아고에게 아무 잘못도 저지르지 않았습니다. 이아고의 동기는 본질적으로 이해불가하며 예지적noumenal이라고도 할 수 있는 것이기에, 그는 너무도 확실하게 그 동기를 감춰버릴 수 있었습니다. 이아고의 영혼을 들여다보면 우리는 공허를, 무를 발견할 수 있지요. 메피스토펠레스가 그렇듯 이아고는 거대한 부정이며, 마치 반물질antimatter로 구성된 육체처럼 반정신antispirit으로 구성된 영혼이라 하겠습니다.

악한 사람은 우리 인간 세계에 난 균열과도 같은 존재로, 우리는 그들이 만들어 낸 틈으로 공허를 슬쩍 엿볼 수 있습니다. 이 대목에서 저는 한나 아렌트가 아돌프 아이히만의 관료주의적 태도를 묘사하기 위해 사용했던 "악의 평범성the banality of evil"

이라는 어구로 축약되는 어떤 현상에 대해 설명할 수 있을 듯합니다.[13] 대체로 사악하지 않은 사람들이 이러저러한 정치 이데올로기의 이름을 내걸고 인간 세상에 끔찍한 파괴를 의도적으로 불러오고 말았습니다.

사실 아이히만은 베티나 슈탕네트Bettina Stangneth가 잘 지적했다시피 열렬한 유대인 혐오자였고, 아렌트가 묘사한 것처럼 관료주의적 사고에 함몰된 인물이 결코 아니었습니다.[14] 하지만 우리는 강제수용소의 다른 장교들에게 아렌트가 아이히만에게 잘못 적용했던 내용들이 잘 들어맞았을 것이라 어렴풋이 짐작해 볼 수 있습니다. 그들 중 많은 이들은 그저 관료로서 주어진 명령에 복종하고, 불복종이 필요한 시점에는 스스로의 안위를 위해 양심을 희생할 의향이 있는 사람들이었겠지요.

그들은 자신들이 지켜보는 가운데 벌어진 고문, 존엄성 박탈, 죽음을 스스로의 소행이라기보다는 자신들이 손쓸 수 없이 작동하고 있는 어떤 기계가 낳은 불가피한 결과로 여겼을 것입니다. 악이 그들의 주변에서 출현했지만 그들 스스로가 한 건 아니라는 듯이 말이죠.

물론 우리는 그런 이들의 변명을 받아주지 않으며, 그들이 (대가를 치르면서) 완화할 수도 있었을 고통에 대한 책임을 요구합니다. 우리는 죽음의 수용소를 그냥 벌어진 나쁜 일이 아니라 악의 실현으로 인식합니다. 아렌트와 슈탕네트가 공히 지적하고 있다시피 나치의 강제수용소들은 단지 인간 존재를 파괴하기 위해서만이 아니라 그들로부터 인간성을 박탈하도록 고안되었습니다. 재소자들은 물건 취급을 당했고, 굴욕을 겪었고, 격하당했으며, 날것의 충족되지 않는 소모적인 욕구에 사로잡힌 상태에 놓임으로써 내면의 가장 작은 자유의 한 조각마저 박탈당했습니다.

달리 말하자면 강제수용소가 추구한 목표는 어떤 면에서, 재소자들의 영혼을 앗아가려 했다는 점에서 이아고나 메피스토펠레스의 그것과 흡사했습니다. 수용소는 반정신이 숨쉬는 곳이었고, 수용소에 갇힌 이들은 거대한 부정 부호를 짊어진 채 그곳을 돌아다녀야 했던 것입니다. 이 광경을 바라만 보고 있을 수 있던 자들은 반인간으로 전락한 자들을 거부하고 한계로 내몰았습니다. 하여 반인간들을 '최종 처리'하는 일은 필수적인 단계로 여겨질 수 있었습니다. 반인간들이 저들의 공유된 망각 속으로 사라져 버린 것은 물질이 블랙홀 속으로 빨려 들어가는 물리적 현상의 영적 등가물이었던 셈이지요.

그러므로 우리는 설령 자연재해가 불러오는 피해가 아무리 막대하다 한들 강제수용소의 무시무시함을 지진, 산불, 기근의 무시무시함과 같은 차원으로 이해해서는 안됩니다. 강제수용소는 고통의 생산만을 목적으로 존재하는 곳이 아니었습니다. 희생자들의 인간성을 말소하기 위해 고안된 곳이었지요. 그 속에 담긴 주체를 파괴하기 위해 몸을 도구로 이용한 것입니다. 일단 영혼이 쓸려나가고 나면 육체를 파괴하는 것은 살인이라기보다 그저 일종의 '방역 활동' 같은 것으로 치부해 버릴 수 있게 되니까요.

저는 이것이야말로 악의 패러다임이라고 지목하고 싶습니다. 말하자면 악이란 다른 이의 영혼을 파괴함으로써 상대의 가치와 의미를 뭉개버리고자 하는 시도나 욕망이라고 할 수 있습니다. 그러니 고문하는 자는 희생자의 의지, 자유, 양심, 내적 완결성이 고통으로 인하여 파괴되기를 바라며, 그렇게 사르트르가 묘사한 바 '자유의 포기'가 벌어지는 장면을 보며 즐기고 싶어 하는 것입니다.[15] 달리 표현해 보자면 고문하는 자는 다른 이의 1인칭 존재를 지배하고 파괴하기 위해, 고통이 불러오는 타인의 황폐함과 모멸 속에서 환희를 즐기기 위해 육체를 이용합니다.

저는 지금껏 수용소에 어떤 목적이 있는 것처럼 말해왔습니다. 그런데 구체적으로 누구의 목적일까요? 멀지 않은 과거로 올라가보면 조지 오웰부터 솔제니친까지 수많은 작가들이 이 질문에 답하기 위해 도전해 왔습니다. 악이 지니고 있는 또 다른 수수께끼가 여기 있습니다. 당신은 인간 존엄의 박탈을 의도하였냐고 묻는다면 강제수용소에서 일했던 사람들 중 그 누구도 제대로 된 답을 하지 못할 것입니다.

물론 나치의 수용소는 극단적인 악행을 원하는 증오에 의해 추동된 아이히만을 비롯한 나치 지도자들이 의도한 일이지요. 그런데 소련의 경우를 보면 레닌과 스탈린과 그 동료들이 죽은 후에도 수용소가 지속되었습니다. 수용소가 만들어 낼 결과를 의도한 사람들이 아무도 존재하지 않고, 심지어 수용소 감독자들조차도 그들의 행동을 후회했을지 모를, 중요한 결정을 내렸던 그 누구도 본인을 기계 속 무력한 부품 하나일 것이라 생각하지 않았을 때조차 수용소는 계속 존재했습니다.[16]

흔히 이야기하듯 강제수용소를 악마의 소행이라 말하는 건 문제를 해결하는 것이 아니라 반복하는 것입니다. 그렇다면 우리가 그런 사실을 정의하고자 할 때 왜 하필이면 바로 그 은유가 제기되는 것일까요? 이 질문은 인간의 자유에 대한 질문과 한 쌍을 이룹니다. 생물과학의 관점에서 보자면 자유 역시 일종의 은유로 보일 수 있지만 우리는 인간 존재로서 서로와의 관계를 갈구하기에 자유의 개념은 삶 자체에 의해 우리에게 강요되죠. 저는 이 점이야말로 칸트의 통찰 중 가장 위대한 부분이라고 생각합니다. 우리는 서로를 단순한 사물이나 유기체가 아니라, 자유롭게 행위하며 이성적으로 책임을 지고 수단이 아닌 목적으로 취급되어야 할 인격체로 바라보며 의사소통하고자 노력하는 존재라는 점 말입니다.

설령 우리가 자유에 대한 칸트의 이론을 옳지 않은 것으로 생각하더라도 그가 그 이론을 통해 설명하고자 했던 현상을 부정할 수는 없지요. 마찬가지로 악에 대한 이런 저런 이론에 대해 납득하기 어려운 형이상학적 전제가 깔려 있다는 이유로 받아들이지 않을 수 있습니다. 하지만 악이라는 현상 **그 자체**는, 우리 세계에 **속하는** 것은 아니나 이 **안에서** 벌어지는 형이상학적인 것이며, 그러니 우리는 그것을 그려내지 않을 수가 없는 것입니다.

종교는 어떻게
도덕의 버팀목이 되는가

악의 개념은 신성한 것과 마찬가지로 다른 어딘가에서 우리의 삶으로 뚫고 들어오는 힘이라고 볼 수 있습니다. 우리는 이러한 힘을 앞서 제가 상호인격적 반응을 다룰 때 이야기했던 뻗어나가는 지향성과 같은 부류로 이해해 볼 수 있겠습니다. 1장에서 언급했다시피 세상을 바라보는 우리의 관점에는 다른 자아의 도달할 수 없는 지평 너머를 향한, 즉 초월에 대한 이해와 두려움apprehension이 담겨 있습니다.[17]

이러한 이해와 두려움은 우리에게 상호인격적 교류의 가능성을 제공하지만 우리는 경험 전반에서 그것을 일종의 침략으로 느끼기도 합니다. 이것은 형언할 수 없기에 그 가치를 지니는 측면을 갖는 그런 경험입니다. 인간의 노력만으로는 도달할 수 없으며 그런 방법이 아니고서는 알 수 없는 영역으로 우리를 향하게 해주죠.

철학에는 신성한 보상과 처벌이 도덕적 삶에 보탬이 되기보다는 오히려 해가 된다고 여기는, 플라톤부터 시작하는 사유의 전통이 있습니다. 도덕적 동기란 종교가 떠받치고 있는 희망과 공포와는 다르다는 점을 지적하고 있다는 점에서 이 전통의 옹호자들은 일리 있는 주장을 하고 있지요. 그럼에도 불구하고 도덕과 종교의 연관성은 우연이 아니며 왜 그러한지 우리는 이 번 장을 통해 숙고해 보았습니다.

우리는 인격체로서 우리의 행동과 마음 상태에 대해 책임을 집니다. 다른 사람이 납득할 수 있는 정당한 이유를 찾는 습관은 우리가 스스로 그런 이유를 요구하도록 만들죠. 그렇게 우리는 남이 보고 있지 않을 때에도 판단의 대상이 됩니다. 스스로의 과오에 대한 인식은 우리를 짓누릅니다. 우리는 죄 사함을 희구하며, 심지어 어떤 사람에게 용서를 구해야 할지 알지도 못한 채 회한에 사로잡히기도 하죠. 이것이 바로 쇼펜하우어가 "존재 자체의 죄das Schuld des Daseins"라 말한 원죄의 의미입니다. 같은 부류와 자유롭게 교류하는 **개인으로서 존재함**에서 비롯하는 과오인 것이죠.[18]

이런 죄책감은 사람에 따라 더 강할 수도 약할 수도 있습니다. 가령 알 가잘리Al Ghazali, 키에르케고르, 노발리스Novalis 같은 이들은 그 감정을 다루는 데 거의 전문가라 할 수 있죠. 심지어 평범한 사람들hommes moyens sensuels조차 그런 감정을 매일같이 억누르며 살아가고 있습니다. 평범한 사람들 역시 비극적인 예술 작품에서 가장 또렷하게 들리는, 이 세상 속 우리가 지닌 가장 급박한 사랑과 공포와 관련되어 있는, 우리를 스스로의 죄에서 벗어나게 해주는 축복이라 할 수 있는 그것, 구원을 향한 실로 엄청난 희구를 드러내고 있지요.

사랑에 빠지고, 병에서 회복하고, 부모가 되고, 자연의 경이 앞에 충격에 빠지는 등 제한된 경험 속에서 이 축복은 자신의 모습을 슬쩍 드러냅니다. 이런 순간에 우리는 초월의 문턱에 서서 가질 수도, 알 수도 없는 무언가를 향해 손을 내밉니다. 우리가 닿고자 하는 그것은 구원의 약속이기에 인격의 관점에서만 이해될 수 있죠. 그것은 타오르는 나무에서 모세에게 말을 건 1인칭 단수의 존재, 세계의 영혼인 것입니다.

초월적이며 동시에 인격적인 것에 닿고자 하는 시도는 오염과 금기의 윤리와도 관련되어 있습니다. 신성한 것과 속된 것의 구분이 살아 숨 쉬게 합니다. 선과 악의 개념을 이해하고 와닿게 해주죠. 지고의 축복인 회개자에 대한 용서는 동시에 일종의 정화이며, 영혼의 씻김이고, 소외의 극복입니다. 우리가 기도를 통해 헤아리며 다가가고자 하는 것으로 그런 순간에 우리의 영혼은 숭고를 향해 개방됩니다.

그런 순간에 우리는 우리의 존재를 우리에게 **부여된** 것으로, 그 부여자가 창조의 근원적 행위로 우리에게 준 선물로 받아들이게 됩니다. 악과 마주칠 때 우리는 이 선물의 정반대를 봅니다. 존재의 주어짐이 가장 분명히 드러나고 쉽게 이해되며 그만큼 보기 좋게 파괴될 수도 있는 사람, 영혼에 초점을 맞추어 주어진 것을 **가져가 버리는** 부정적인 힘을 목격하게 되는 것입니다.

이러한 사고와 경험은 세계에 대한 도덕적 존재의 정신에 담긴 일종의 퇴적물과 같다고 하겠습니다. 어떤 명료한 이론이라기보다 마치 스스로의 거름이 되는 낙엽들처럼, 개별적인 실존의 경험으로 쌓아나가는 모종의 잔여물 같은 것이죠. 이런 관점에서 볼 때 종교는 도덕적 삶의 산물이자 동시에 그것을 지탱해 주는 버팀목이기도 합니다. 세상을 신성한 순간에만 현존을 드러내며 기도하는 자를 정화해 주는 어떤 초월적 인격의 선물로 이해함으로써, 우리의 도덕적 삶은 종교적 실천의 비옥한 토양에 뿌리내리게 되는 것이죠.

선과 악, 신성함과 범속함, 구원, 정화, 희생의 의미가 모두 우리에게 와닿으며, 우리는 우리 주변의 사람들뿐 아니라 죽어 가는 존재로서 우리 스스로의 운명과도 화해의 길에 접어들게 됩니다. 설령 종교의 교리를 문자 그대로 진리로 받아들이지 않는 이들에게도 종교적 태도와 그것을 드러내는 의식은 도덕적 삶의 또 다른 지지대가 되어줄 것입니다. 이렇게 우리는 종교를 누군가의 존재에 대한 **헌신**으로 이해하게 됩니다.

저는 그저 제안을 드리고 있을 뿐입니다. 이 짧은 책에서 그걸 모두 설명하려 들기보다 근대적 회의로 가득한 세상 속에서 구원이 지니는 의미를 보여주고자 했던 두 편의 예술 작품을 소개하고자 합니다. 도스토예프스키의《카라마조프가의 형제들》과 바그너의 오페라〈파르지팔〉입니다. 이 두 위대한 예술

적 성취 앞에, 저는 문득 철학적 통찰이라는 게 그리 대단할 것
도 없다는 생각을 하게 됩니다.

미주

CHAPTER 1 | 인간이라는 종HUMAN KIND

1   John Bowlby, Attachment and Loss, vols. 1－3 (New York: Basic Books, 1969－1980) 존 볼비, 김창대 옮김, 《애착: 인간애착행동에 대한 과학적 탐구》(연암서가, 2019); John Bowlby, A Secure Base (New York: Routledge, 1988) 존 볼비, 김수임 옮김, 《존 볼비의 안전기지: 애착이론의 임상적 적용》(학지사, 2014).

2   Bowlby, Attachment and Loss, vol. 1, p. 183.

3   A. R. Wallace, Natural Selection and Tropical Nature: Essays on Descriptive and Theoretical Biology (London: Macmillan, 1891). 또한 A. R. Wallace, Darwinism: An Exposition of the Theory of Natural Selection with Some of Its Applications (London: Macmillan, 1889), chapter 15 참고.

4   Charles Darwin, The Descent of Man, vol. 1 (New York: Appleton and Co., 1871). 찰스 다윈, 김관선 옮김, 《인간의 유래》(한길사, 2006).

5   Ibid., pp. 71－72.

6   Steven Pinker, How the Mind Works (London: Allen Lane, 1997), pp. 522－524. 스티븐 핑커, 김한영 옮김, 《마음은 어떻게 작동하는가》(동녘사이언스, 2007); Geoffrey Miller, The Mating Mind: How Sexual Choice Shaped

the Evolution of Human Nature (New York: Doubleday, 2000) 제프리 밀러, 김명주 옮김, 최재천 감수, 《연애: 생존기계가 아닌 연애기계로서의 인간》 (동녘사이언스, 2009).

7 Charles Darwin, The Expression of the Emotions in Man and Animals (New York: Appleton and Co., 1898) 찰스 다윈, 김홍표 옮김, 《인간과 동물의 감정 표현》(지만지, 2014).

8 R. A. Fisher, The Genetical Theory of Natural Selection (1930), revised ed. (New York: Dover, 1958).

9 이 주제를 생기 넘치게 다룬 책으로 다음을 참고. Helen Cronin, The Ant and the Peacock: Altruism and Sexual Selection, from Darwin to Today (Cambridge: Cambridge University Press, 1991). 헬라네 크로닌, 홍승효 옮김, 《개미와 공작》(사이언스북스, 2016).

10 J. Maynard Smith and G. R. Price, "The Logic of Animal Conflict," Nature 246 (1973): pp. 15–18.

11 Konrad Lorenz, On Aggression, trans. Marjorie Kerr Wilson (New York: Harcourt Brace, 1966).

12 R. Axelrod, The Evolution of Cooperation (New York: Basic Books, 1984). 로버트 액설로드, 이경식 옮김, 《협력의 진화》(시스테마, 2009).

13 가령 다음을 참고. Matt Ridley, The Origins of Virtue: Human In stincts and the Evolution of Cooperation (London: Viking, 1991). 매트 리들리, 신좌섭 옮김, 《이타적 유전자》(사이언스북스, 2001). 이타주의에 대한 게임 이론적 접근은 "포괄적응도(inclusive fitness)" 이론과는 다르다는 점을 인지하는 것이 중요하다. 포괄적응도 이론에 따르면 이타성은 친족까지 확장되며 친족 간의 거리에 따라 차등이 발생한다. W. D. Hamilton, "The Genetical Evolution of Social Behaviour," Journal of Theoretical Biology 7 (1964): pp. 1–16을 참고.

14 V. C. Wynne-Edwards, Animal Dispersion in Relation to Social Be haviour (Edinburgh: Oliver and Boyd, 1962). 이 주장의 근원지는 Lorenz, On Aggression이다. Wynne-Edwards는 다음 문헌을 통해 가혹한 비판을 당했다. Richard Dawkins in The Selfish Gene (1976), revised ed. (New York: Oxford University Press, 1989), pp. 7-10. 리처드 도킨스, 홍영남, 이상임 옮김, 《이기적 유전자》(을유문화사, 2018).

15 특히 다음을 참고. Noam Chomsky, Language and Mind (1968), 3rd ed. (Cambridge: Cambridge University Press, 2006). 여기서 촘스키는 언어를 "유기체의 복잡성이 특정한 단계에 이르렀을 때 질적으로 다른 현상이 발생하는, 진정한 창발성의 한 사례"라고 서술한다(p. 62).

16 그러한 시도가 담긴 문헌으로 다음을 참고. Eugene Linden, Apes, Men and Language (New York: Saturday Review Press, 1974); 종교적 열정에 대해서는 다음을 참고. Mary Midgley, Beast and Man: The Roots of Human Nature (London: Routledge, 1978), pp. 215-251.

17 예컨대 다음을 참고. John Maynard Smith and Eörs Szathmáry, The Major Transitions in Evolution (Oxford: W. H. Freeman, 1995), pp. 303-308.

18 이러한 사례로 다음을 참고. Kim Sterelny, in his theory of cumulative niche construction. 같은 저자의 다음 책도 참고. Thought in a Hostile World: The Evolution of Human Cognition (Oxford: Blackwell, 2003).

19 문화를 밈 이론으로 설명하고자 한 다양한 사례들은 다음을 참고. Robert Aunger, ed., Darwinizing Culture: The Status of Memetics as a Science (Cambridge: Cambridge University Press, 2000). 밈 이론을 진지하게 고려할 가치가 없는 것으로 보는 비판은 다음을 참고. David Stove in "Genetic Calvinism, or Demons and Dawkins," in Darwinian Fairytales: Selfish Genes, Errors of Heredity, and Other Fables of Evolution (New York: Encounter Books, 2006), pp. 172-197.

20 Richard Dawkins, The Selfish Gene. 리처드 도킨스, 홍영남, 이상임 옮김, 《이기적 유전자》(을유문화사, 2018).

21 Daniel C. Dennett, Breaking the Spell (London: Allen Lane, 2006). 대니얼 데닛, 김한영 옮김, 최종덕 해설, 《주문을 깨다》(동녘사이언스, 2010).

22 Matthew Arnold, Culture and Anarchy: An Essay in Political and Social Criticism (London, 1869). 매슈 아널드, 윤지관 옮김, 《교양과 무질서》(한길사, 2016).

23 데이비드 스토브는 도킨스가 "이기적"이라는 표현을 빈번하게 사용함에도 불구하고 이러한 맥락에서 그 말을 어떤 의미인지 설명하고 있지 않다는 점을 비판하였다. 다음을 참고. Stove, "Genetic Calvinism."

24 목적론적 사고가 기능적 사고로 어떻게 대체될 수 있는지는 리처드 도킨스의 다음 책 《눈 먼 시계공(The Blind Watchmaker)》 (Oxford: Oxford University Press, 1986)의 주제 중 하나다. 기능적 설명 및 생물학 외 분야에서의 활용에 대한 눈부신 토론은 다음을 참고. G. A. Cohen, Karl Marx's Theory of History: A Defence (Princeton: Princeton University Press, 1978). 제럴드 앨런 코헨, 박형신, 정헌주 옮김, 《카를 마르크스의 역사이론 – 역사유물론 옹호》(한길사, 2011).

25 다음을 참고. Ron Amundson and George V. Lauder, "Function without Purpose: The Use of Causal Role Function in Evolutionary Biology," in D. Hull and M. Ruse, eds., The Philosophy of Biology, Oxford Readings in Philosophy (Oxford: Oxford University Press, 1998), pp. 227 – 257.

26 마르크스의 역사 이론에 대한 옹호론을 반박하는 과정에서 본 저자의 주장과 유사한 견해가 제시된 바 있다. 다음을 참고. G. A. Cohen (Karl Marx's Theory of History). 작동하지 않는 제도가 사라진다는 주장은 현존하는 제도가 잘 작동한다는 주장의 근거가 될 수 없는 것이다.

27 Immanuel Kant, Anthropology from a Pragmatic Point of View, ed. Robert Louden and Manfred Kuehn (Cambridge: Cambridge University Press, 2006), p. 1. 임마누엘 칸트, 백종현 옮김, 《실용적 관점에서의 인간학》(아카넷, 2014).

28 E. O. Wilson, On Human Nature (Cambridge, Mass.: Harvard University Press, 1978), p. 168. 에드워드 오스본 윌슨, 이한음 옮김, 《인간 본성에 대하여》(사이언스북스, 2011).

29 《이기적 유전자》를 바탕으로 한 최초의 TV 시리즈를 맥락으로 한, 도킨스를 향해 이와 같은 강력한 규탄이 제기된 바 있었다. 다음을 참고. Mary Midgley, Beast and Man, pp. 102 – 103. Midgley의 반론이 공정한 것인지는 분명치 않다. 하지만 도킨스가 제시한 도전이 철학적 인간학의 핵심을 향하고 있다는 점을 인식했다는 점에 대해서는 평가받을 만하다. 사회생물학 저자들을 향한 비판은 다음 저서를 통해 더욱 다듬어지고 확장되었다. Evolution as a Religion, revised ed. (London: Routledge, 2002).

30 이러한 관점은 교황 요한 바오로 2세가 1993년 8월 6일 반포한 회칙 《진리의 광채(Veritatis Splendor)》에서 유창하게 옹호된 바 있다. 47항 이하 참고.

31 다음을 참고. R. Scruton, "Laughter," in The Aesthetic Understanding (London: Methuen, 1982), pp. 180 – 194.

32 Helmuth Plessner, Laughing and Crying: A Study in the Limits of Human Behavior, trans. J. Spencer Churchill and Marjorie Grene (Evanston: Northwestern University Press, 1970).

33 F. H. Buckley, The Morality of Laughter (Ann Arbor: University of Michigan Press, 2003).

34 미국식 수화를 배웠던 두 마리의 침팬지, 로저와 루시의 사례를 살펴볼 것. 다음을 참고. Linden, Apes, Men and Language, p. 97.

35 다음을 참고. Rudolf Makkreel, Dilthey: Philosopher of the Human Studies (Princeton: Princeton University Press, 1993). Makkreel은 현재 딜타이의 작업에 대한 정확한 학술적 영문판을 편집하고 있으며, 프린스턴 대학 출판부에 의해 간행될 예정이다.

36 Franz Brentano, Psychology from an Empirical Standpoint, trans. L.

McAlister (London: Routledge, 1974), p. 77.

37 니체가 도덕적 감각을 다른 무언가에서 추출하려 한 시도는 다음과 같은 진화생물학적 관점의 출발점으로 받아들여졌다. Philip Kitcher, Ethical Project (Cambridge, Mass.: Harvard University Press, 2011). Kitcher의 책을 읽는 독자는 그가 도덕적 감각을 언급하지 않고 도덕의 출현을 설명하고 있는지 여부를 따져보며 그의 논의를 판단하면 될 것이다.

38 이에 대한 한 가지 답으로 다음을 참고. David Wiggins, Sameness and Substance Renewed (Cambridge: Cambridge University Press, 2001), chapter 7.

39 Aristotle, De anima; Thomas Aquinas, Summa Theologiae, 1, 19, 4.

40 내적으로 관찰 가능하나 외적으로는 관찰 불가능하며, 대상의 본질적 속성과 결부되어 있다고 여겨지는, 이른바 "감각질(qualia)"이 바로 공적 접근이 불가능한 정신적 상태라는 주장이 있고, 그것이 끈질기게 남아 있다는 점을 지적할 필요가 있다. 나는 감각질이라는 개념이 공허한 가설에 지나지 않는다고 생각한다. 비트겐슈타인이라면 기계의 작동에 아무 영향을 주지 않는 톱니바퀴 같다고 했으리라 본다. 하지만 현재 감각질에 대해 가장 섬세한 변론을 펴고 있는 철학자 중 한 사람인 네드 블록은 흥미로운 한 편의 에세이를 통해 비트겐슈타인마저도 부지불식간에 본인 철학의 기조를 거슬러 가며 감각질의 존재를 인정하고 말았다고 주장한다. 다음을 참고. Ned Block, "Wittgenstein and Qualia," Philosophical Perspectives 21, no. 1 (2007): pp. 73–115. 감각질 논쟁은 이 책을 이루는 강연의 범위를 훌쩍 넘어서는 것이므로 더 관심 있는 독자에게는 논쟁에 대한 훌륭한 개설을 제시하는 것에서 만족한다. 감각질에 대한 또 다른 훌륭한 옹호자가 작성한 다음 문헌을 참고. Michael Tye, Stanford Encyclopedia of Philosophy: http://plato.stanford.edu/entries/qualia. 내가 취하고 있는 입장은 다음 논문을 통해 확인 가능하다. "The Unobservable Mind," MIT Technology Review, February 1, 2005, https://www.technologyreview.com/s/403673/the-unobservable-

mind/.

41 D. C. Dennett, "Intentional Systems," Journal of Philosophy 68 (1971),
Brainstorms (Cambridge, Mass.: MIT Press, 1978)에 재수록.

42 가령 다음을 참고. D. C. Dennett, Kinds of Minds (London: Weidenfeld,
1996), p. 34.

43 다음의 고전적 에세이를 참고할 것. R. M. Chisholm, "Sentences about
Believing," Proceedings of the Aristotelian Society 56, no. 1 (1955 – 1956):
pp. 125 – 148. 하지만 이러한 해석이 브렌타노의 진의를 반영하는 것
인지에 대해서는 회의적 시각이 존재한다. 다음을 참고. Barry Smith,
Austrian Philosophy (LaSalle, Ill.: Open Court, 1994).

44 D. C. Dennett, Consciousness Explained (London: Allen Lane, 1991).

45 D. C. Dennett, The Intentional Stance (Cambridge, Mass.: MIT Press, 1987).

46 내가 주장하는 관점 중 일부는 다음 문헌에서 지지받은 내용과 연관이 있
다. 다음을 참고. P. F. Strawson in "Freedom and Resentment," Freedom
and Resentment and Other Essays (London: Methuen, 1974), pp. 1 – 28에
수록. 하지만 나는 스트로슨과 달리 인간이 상호인격적 태도에 진정으로
재현된다고 생각하며, 스트로슨이 "대상"이라 부르는 태도에 재현되는
것은 잘못된 것이라 생각한다. (스스로와 다른 사람의) 정신적 재현을 형성
할 수 있는 능력, 즉 내가 말하는 높은 층위의 지향성은 Alan Leslie와 다
른 이들의 연구에서 "메타재현"(metarepresentation)이라 명명되고 연구된
바 있다. 다음을 참고. A. Leslie and D. Roth, "What Autism Teaches Us
about Metarepresentation," in S. Baron-Cohen, H. Tager Flusberg, and
D. Cohen, eds., Understanding Other Minds: Perspectives from Autism
(Oxford: Oxford University Press, 1993).

47 다음을 참고. Ludwig Wittgenstein, Philosophical Investigations (Oxford:
Oxford University Press, 1953), part 2, section xi.

48 Paul Churchland, "Eliminative Materialism and the Propositional

Attitudes," in W. Lycan, ed., Mind and Cognition (Oxford: Basil Blackwell, 1990), pp. 206 – 221.

49 예컨대 다음을 참고. Robert Boyd and Peter J. Richerson, Culture and the Evolutionary Process (Chicago: University of Chicago Press, 1985); Sterelny, Thought in a Hostile World.

50 이런 생각을 한 사람이 오직 칸트뿐이라면 회의적인 시각으로 바라볼 여지가 있을 것이다. 하지만 이것은 칸트부터 피히테, 헤겔, 쇼펜하우어, 샤프츠버리, 스미스, 허치슨, 흄을 비롯해 수많은 현대 사상가들이 공유하고 있는 생각이다.

51 Chomsky, Language and Mind; Jonathan Bennett, Linguistic Behaviour (Cambridge: Cambridge University Press, 1976); Harry G. Frankfurt, "Freedom of the Will and the Concept of a Person," Journal of Philosophy 68, no. 1 (1971): pp. 5 – 20; H. P. Grice, "Meaning," Philosophical Review 66, no. 3 (1957): pp. 377 – 388, and its many sequels; David Lewis, Convention: A Philosophical Study (Cambridge: Cambridge University Press, 1969); Michael Tomasello, The Cultural Origins of Human Cognition (Cambridge, Mass.: Harvard University Press, 2000).

52 Al-Fārābī, Fī Tahsīl asSaʿādah, 다음에서 인용. Lenn E. Goodman, Islamic Humanism (Oxford: Oxford University Press, 2003), p. 9.

CHAPTER 2 | 인간 관계 HUMAN RELATIONS

1 Stephen Darwall, The Second Person Standpoint (Cambridge, Mass.: Harvard University Press, 2006).

2 Martin Buber, Ich und Du (1923), English translation, I and Thou, trans. Ronald Gregor Smith (New York: Scribner's, 1937). 마르틴 부버, 김찬배 옮

김,《나와 너》(대한기독교서회, 2020), 개정판.

3 Strawson, "Freedom and Resentment."

4 위 두 논증에 대한 보다 심도 깊은 고찰을 나는 다음에서 수행한 바 있다. Modern Philosophy (London: Sinclair-Stevenson, 1994; reissued, London: Bloomsbury, 2010), 5, 20, 28장. 헤겔의 논증은 다음 책에서 확장, 적용, 변주되었다. Charles Taylor, Sources of the Self (Cambridge, Mass.: Harvard University Press, 1989). 찰스 테일러, 권기돈, 하주영 옮김,《자아의 원천들》(새물결, 2015).

5 See G.W.F. Hegel, The Phenomenology of Spirit, introduction, part A, chapter 4.

6 Immanuel Kant, Critique of Pure Reason, part 2, chapter 1.

7 내가 이 논증을 차용한 출처는 다음과 같다. Robert Nozick, Anarchy, State, and Utopia (New York: Basic Books, 1974), pp. 44–45. 이 "사고실험"에 대해 많은 온라인 토론이 있으므로 참고할 것. 조셉 버틀러의 논의는 다음 책의 1, 9번째 설교를 참고할 것. Fifteen Sermons Preached at the Rolls Chapel (London, 1729), Sermons 1 and 9.

8 추가적인 논의는 다음을 참고. Thomas Nagel, "Sexual Perversion," in Mortal Questions (Cambridge: Cambridge University Press, 1979), pp. 39–52.

9 Jonathan Haidt, The Righteous Mind: Why Good People Are Divided by Politics and Religion (London: Allen Lane, 2012). 조너선 하이트, 왕수민 옮김,《바른 마음》(웅진지식하우스, 2014).

10 Denis Dutton, The Art Instinct: Beauty, Pleasure and Human Evolution (Oxford: Oxford University Press, 2010).

11 다음에 실린 가상 논쟁을 참고할 것. J. J. Valberg, Dream, Death, and the Self (Princeton: Princeton University Press, 2007).

12 G.E.M. Anscombe, Intention (Oxford: Blackwell, 1957).

13 다음을 참고할 것. "Self-Knowledge" 항목, Stanford Encyclopedia of Philosophy에 기재. Brie Gertler가 작성. 2015년 연구까지 반영. http://plato.stanford.edu/entries/self-knowledge/.

14 여기서 세 번째 가능성, 말하자면 의지박약의 경우를 떠올려 볼 수 있는데, 이 주제는 지금 논의하지 않으려 한다. 다음을 참고. Donald Davidson, "How Is Weakness of the Will Possible?" in Essays on Actions and Events, 2nd ed. (Oxford: Oxford University Press, 2001), pp. 21 – 42. 의지박약 문제란 내가 무언가를 하고자 하는 지향을 표현했으나 그것을 하지 않은 경우는 존재할 수 없다는 것이다. 그런 경우라면 그것은 나 자신의 지향성에 대해 잘못 알거나 실수로 표현한 것이기 때문이다. 이렇듯 의지박약은 철학적 문제가 될 수 있다. 의지박약 문제가 벌어진다면 구체적으로 **어떤** 문제가 발생하는가?

15 J. R. Searle, The Construction of Social Reality (Oxford: Oxford University Press, 1995).

16 P.M.S. Hacker, Human Nature: The Categorial Framework (London: Wiley and Sons, 2007).

17 Rae Langton, Sexual Solipsism: Philosophical Essays on Pornography and Objectification (Oxford: Oxford University Press, 2009).

18 가령 아도르노의 저작에서 문화적 물신화에 대한 논의를 살펴볼 것. 특히 다음을 참고. "On the Fetish-Character in Music and the Regression of Listening" (1938), reprinted widely, e.g., in A. Arato and E. Gebhardt, eds., The Essential Frankfurt School Reader (New York: Urizen Books, 1978), pp. 270 – 299.

19 Boethius, Liber de Persona et Duabus Naturis, chapter 3; Aquinas, Summa Theologiae, 1, q. 19.

20 Sydney Shoemaker, Self Knowledge and Self Identity (New York: Cornell University Press, 1963).

21 예술 작품의 동일성 문제에 대한 논의는 다음을 참고할 것. Richard Wollheim, Art and Its Objects, 2nd ed. (Cambridge: Cambridge University Press, 1980).

22 이러한 입장을 부정하는 논의는 다음을 참고. Derek Parfit, Reasons and Persons (Oxford: Oxford University Press, 1986). Parfit의 접근법은 다음에서 재반박되었다. David Wiggins, in Sameness and Substance Renewed.

CHAPTER 3 | 도덕적 삶THE MORAL LIFE

1 Jacob Burckhardt, The Civilization of the Renaissance in Italy (1860; Mineola, N.Y.: Dover Editions, 2010). 래리 시덴톱 경은 개인의 창발 기원을 복음서와 바울서신에 두는 보다 급진적인 관점을 보여준다. 다음을 참고. Sir Larry Siedentop, Inventing the Individual: The Origins of Liberalism (London: Allen Lane, 2014) 래리 시덴톱, 정명진 옮김,《개인의 탄생: 양심과 자유, 책임은 어떻게 발명되었는가?》(부글북스, 2016).

2 Lorenz, On Aggression.

3 Frans de Waal, Primates and Philosophers: How Morality Evolved, ed. Stephen Macedo and Josiah Ober (London: Princeton University Press, 2006).

4 다음을 참고. J. L. Austin, "A Plea for Excuses," in J. O. Urmson and G. J. Warnock, eds., Philosophical Papers (Oxford: Oxford University Press, 1979).

5 이 문제와 관련된 여러 복잡한 지점에 대한 섬세한 논의로는 다음을 참고. Charles Griswold, Forgiveness: A Philosophical Exploration (Cambridge: Cambridge University Press, 2007).

6 다음을 참고. Pierre Legrand and Roderick Munday, eds., Comparative Legal Studies: Traditions and Transitions (Cambridge: Cambridge University Press, 2011).

7   Bernard Williams, Shame and Necessity (Berkeley: University of California Press, 1993).

8   Adam Smith, The Theory of Moral Sentiments (London, 1759); reprint of the 1790 edition available from CreateSpace independent publishing platform via Amazon. 애덤 스미스, 박세일 옮김,《도덕감정론》(비봉출판사, 2009).

9   Peter Singer, Writings on an Ethical Life (New York: Ecco, 2000); Derek Parfit, On What Matters, 2 vols. (Oxford: Oxford University Press, 2011).

10   Parfit, On What Matters, vol. 1, p. 385.

11   가령 다음을 참고. John Broome, Weighing Lives (Oxford: Oxford University Press, 2004).

12   흥미롭게도 "수학적" 도덕 문제에 대해 가장 격한 반발을 보이는 사람 중에는 다음과 같은 반의무론자들이 포함되어 있다. 다음을 참고. Elizabeth Anscombe (G.E.M. Anscombe, "Modern Moral Philosophy," Philosophy 33, no. 124 [1958]: pp. 1 - 19) (On What Matters의 2권에 포함된) Allen Woods가 Parfit에게 내놓은 반론의 취지는 R. M. Hare도 공유하고 있는데, Hare는 트롤리 문제를 공리주의의 불가피한 승리에 맞서 반의무론자들이 내놓는 최후의 저항 시도로 여기고 있다. 다음을 참고. R. M. Hare, Moral Thinking: Its Levels, Method and Point (Oxford: Oxford University Press, 1981), p. 139.

13   Parfit, On What Matters, vol. 2, p. 223; format modified.

14   T. M. Scanlon, What We Owe to Each Other (Cambridge, Mass.:Harvard University Press, 1998).

15   Strawson, "Freedom and Resentment."

16   그리하여 크리스틴 코스가드(Christine Korsgaard)가 칸트주의 도덕철학을 재구성한 내용에 따르면, 실천이성의 권위는 궁극적으로 행위자의 정체성 인식으로부터 나오게 된다. 다음을 참고. Christine Korsgaard, Self

Constitution: Agency, Identity and Integrity (Oxford: Oxford University Press, 2009).

17 Joseph Raz는 이러한 "선험적 이성"이 법의 개념 그 자체에 토대를 이루며, 실천이성의 권위와는 구분되는 형태를 지닌다고 주장한다. 다음을 참고. The Authority of Law, 2nd ed. (Oxford: Oxford University Press, 2009).

18 젤리비즘 순교자들의 몇몇 인상적인 사례는 다음을 참고. Larissa MacFarquhar, Strangers Drowning: Voyages to the Brink of Moral Extremity (London: Allen Lane, 2015).

19 이 논변에 대해 더 알고 싶다면 다음을 참고. John Stuart Mill, On Liberty (London, 1859). 존 스튜어트 밀, 《자유론》.

CHAPTER 4 | **신성한 의무**SACRED OBLIGATIONS

---

1 John Rawls, A Theory of Justice (Oxford: Oxford University Press, 1971; revised ed., 1999); 존 롤스, 황경식 옮김, 《정의론》(이학사, 2003). Nozick, Anarchy, State, and Utopia. 로버트 노직, 남경희 옮김, 《아나키에서 유토피아로 - 자유주의 국가의 철학적 기초》(문학과지성사, 1997).

2 David Gauthier, Morals by Agreement (Oxford: Oxford University Press, 1986); Loren Lomasky, Persons, Rights, and the Moral Community (Oxford: Oxford University Press, 1987); Darwall, The Second Person Standpoint; Martha Nussbaum, Frontiers of Justice: Disability, Nationality, Species Membership (Cambridge, Mass.: Harvard University Press, 2006).

3 Aurel Kolnai, Sexual Ethics: The Meaning and Foundations of Sexual Morality, trans. Francis Dunlop (London: Ashgate, 2005).

4 그러한 사례로는 다음과 같은 것들이 있다. Igor Primoratz, Ethics and

Sex (London: Routledge, 1999); Richard Posner, Sex and Reason (Cambridge, Mass.: Harvard University Press, 1992); Alan Soble, Sex from Plato to Paglia: An Encyclopedia, 2 vols. (Westport, Conn.: Greenwood Press, 2006); 이 목록은 더 이어질 수 있다.

5   Jean-Paul Sartre, Being and Nothingness, trans. Hazel Barnes (London: Methuen, 1960), p. 424. 장 폴 사르트르, 《존재와 무》.

6   Roger Scruton, Sexual Desire: A Moral Philosophy of the Erotic (London: Weidenfeld and Nicolson, 1986).

7   G.H.W. Hegel, Hegel's Philosophy of Right, trans. and ed. T. M. Knox (Oxford: Clarendon Press, 1952).

8   Edmund Burke, Reflections on the Revolution in France (London, 1790).

9   다음을 참고. René Girard, Violence and the Sacred (1972), trans. Patrick Gregory (Baltimore: Johns Hopkins University Press, 1977). 르네 지라르, 김진식·박무호 옮김, 《폭력과 성스러움》(민음사, 2000).

10 다음을 참고. David Sloan Wilson, Darwin's Cathedral: Evolution, Religion, and the Nature of Society (Chicago: University of Chicago Press, 2002).

11 Roger Scruton, Beauty: A Very Short Introduction (Oxford: Oxford University Press, 2009). 로저 스크루턴, 이진영 옮김, 《아름다움》(서울: 미진사, 2013).

12 Immanuel Kant, Idea for a General History with a Cosmopolitan Purpose (1784), in On History, ed. Lewis White Beck (New York: Bobbs-Merrill, 1964), Thesis 6. 임마누엘 칸트, 《세계시민적 관점에서 본 보편사의 이념》, 6번 테제.

13 Hannah Arendt, Eichmann in Jerusalem (New York: Viking, 1963). 한나 아렌트, 김선욱 옮김, 《예루살렘의 아이히만》(한길사, 2006).

14 다음을 참고. Bettina Stangneth, Eichmann before Jerusalem: The

Unexamined Life of a Mass Murderer (London: Bodley Head, 2015).

15 Jean-Paul Sartre, L'Etre et le néant (Paris, 1943), trans. Hazel E. Barnes (London: Methuen, 1957), pp. 393 – 407. 장 폴 사르트르, 《존재와 무》.

16 Anne Applebaum, Gulag (London: Penguin, 2010). 앤 애플바움, GAGA 통번역센터 옮김, 《굴락》(드림박스, 2004).

17 나는 이 점에 대해 The Soul of the World (Princeton: Princeton University Press, 2014)에서 다룬 바 있다.

18 Arthur Schopenhauer, Die Welt als Wille und Vorstellung, book 3, 51, Arthur Hübscher가 편집한 Sämtliche Werke (Wiesbaden: Eberhard Brockhaus Verlag, 1940), vol. II, p. 300에서 재인용. 쇼펜하우어는 비극을 다루는 대목에서 원죄에 대해 논하며 "die Erbsunde, d.h. die Schuld des Daseins selbst."라고 말한다. 아르투어 쇼펜하우어, 홍성광 옮김, 《의지와 표상으로서의 세계》(을유문화사, 2019), 제3권 제51장 참고.

KI신서 11124

인간의 본질

1판 1쇄 발행 2023년 10월 4일
1판 4쇄 발행 2024년 3월 20일

지은이 로저 스크루턴
옮긴이 노정태
펴낸이 김영곤
펴낸곳 ㈜북이십일 21세기북스

인문기획팀장 양으녕 **책임편집** 정민기
디자인 [★]규
출판마케팅영업본부장 한충희
마케팅2팀 나은경 정유진 박보미 백다희 이민재
해외기획실 최연순
출판영업팀 최명열 김다운 권채영 김도연
e-커머스팀 장철용 전연우 황성진
제작팀 이영민 권경민

출판등록 2000년 5월 6일 제406-2003-061호
주소 (10881) 경기도 파주시 회동길 201(문발동)
대표전화 031-955-2100 **팩스** 031-955-2125 **이메일** book21@book21.co.kr

© 로저 스크루턴, 2023

ISBN 979-11-7117-079-1 03100

파블로프가 개를 훈련시킬 때 썼던 것과 같은 방식으로 나 자신을 취급하고 있다면, 우리는 뭔가 소중한 것을 잃어버리고 마는 건 아닐까요? (…) 이 책은 인간을 '말을 좀 잘하는 동물'로 바라보며 스스로를 길들이는 방식을 고민하는 게 너무도 당연시된 현대 사회의 지적 분위기에 정면으로 맞섭니다. 다른 사람을 나와 같은 인격적 존재로 바라보고 얼굴을 마주 보며 대화하는 대신, 트롤리를 굴려서 한 명을 죽일지 다섯 명을 죽일지 고민하는 그런 '딜레마'가 철학의 모든 것처럼 되어버린 게 이상하다고 생각했을 누군가를 위한 책입니다.

_옮긴이의 말에서

인격체인 사람은 도덕적 존재로, 옳고 그름을 의식하며 동료들을 판단하고 때로는 판단의 대상이 되기도 합니다. 사람은 또한 개별적인 존재로, 우리의 본성은 자유로운 개인이지만 우리는 필요에 의해 공동체의 구성원으로 살아가야 하며, 도덕적 삶에 대한 그 어떤 논의도 이 긴장을 숙고하는 것에서 시작하지 않을 수 없습니다.

_본문에서

경제사회연구원
미래세대를 세우는 21세기 플랫폼 싱크탱크

경제사회연구원은 경제, 정치, 사회, 미디어 등 다양한 이슈들을 논의하고 수용할 수 있는 공론장을 만듭니다. 이를 위한 저술활동과 강연, 입법 지원 등 다양한 연구를 이어가고 있습니다.
홈페이지 www.ries.or.kr

유튜브에서 〈경제사회TV〉를,
인스타그램에서 〈경제사회연구원〉을 검색해보세요!